AF325409

Les symphonies
du Nouveau Monde

Nicolas Southon

Les symphonies du Nouveau Monde

La musique aux États-Unis

Fayard

ISBN : 978-2-213-681009

À mes parents,
à ma sœur,
à mes cousins, oncle et tante,
en souvenir du Grand Canyon,
du raccourci à l'entrée de Los Angeles
et de la « fille retrouvée... »

I hear America singing, the varied carols I hear
Walt WHITMAN

Ce qui m'a plu là-bas, c'est moins l'Amérique telle qu'elle est que l'Amérique telle
qu'elle pourra être un jour. Il m'a semblé
voir un grand creuset où mille ingrédients
s'amalgament pour former une substance
inconnue !

Camille SAINT-SAËNS

Pour écrire de la musique américaine il
suffit d'être américain et de composer à sa
guise.

Virgil THOMSON

C'est au milieu du XVI⁰ siècle, avec les missions chrétiennes espagnoles, que la musique savante européenne s'installe en Amérique du Nord. Le franciscain Cristóbal de Quiñones, accueilli au Nouveau Mexique en 1598, est le premier professeur de musique présent sur le territoire. Plus tard, entre 1769 et 1823, les missions de Californie iront jusqu'à former chœurs et orchestres avec les Amérindiens convertis. Mais dès 1579, l'explorateur Anglais Francis Drake a fait découvrir les psaumes protestants aux Amérindiens de la région lors de son tour du monde. Les « Pères pèlerins » du Mayflower, qui débarquent à Plymouth en 1620, apportent également les psaumes anglais dans le Nouveau Monde. La première publication musicale, à Boston en 1698, est celle de la neuvième édition du recueil *The Psalms, Hymns, and Spiritual Songs of the Old and New Testament*, dont tous les airs sont européens.

En Amérique du Nord comme ailleurs, la musique est d'abord le véhicule de la foi. Il est avéré que les impératifs religieux puritains freinent son développement jusqu'à la fin du XVIIIe siècle, sans toutefois empêcher les pèlerins de chanter des pièces profanes. La musique instrumentale est quant à elle proscrite à l'église mais pratiquée dans le cadre domestique.

Dès 1716, un magasin de musique, à Boston, commercialise violons, flûtes, flageolets, hautbois et même papier à musique – destiné à la copie davantage qu'à la composition, l'importation de musiques européennes étant encore suffisante. Le commerce des éditeurs de musique prospère, des manuels de chant de psaumes sont publiés (celui de John Tufts par exemple, *A Very Plain and Easy Introduction to the Art of Singing Psalm Tunes*, en 1721), des institutions pédagogiques musicales sont fondées. Nombreuses à partir de la seconde moitié du XVIIIe siècle, celles-ci permettent l'amélioration du niveau des amateurs, qui étoffent ainsi les chœurs des églises. Un réseau de concerts s'organise peu à peu, les amateurs se groupant en petites formations capables d'accompagner des musiciens professionnels. Les universités deviennent d'importants foyers musicaux. Le futur Président des États-Unis Thomas Jefferson, étudiant à l'université de William and Mary, à Williamsburg (Virginie), prend part ainsi à des concerts hebdomadaires comme violoniste amateur. On joue Haendel, Hasse, Vivaldi, Corelli, Galuppi, Pugnani, Boccherini, Rameau, Arne, Stamitz, Bach... La première société musicale d'Amérique, la St. Cecilia Society, est fondée à Charleston (Caroline du Sud) en 1766. Elle organise des concerts privés lors desquels se produisent des instrumentistes venus d'Europe pour parcourir l'Amérique – car la vie musicale européenne est l'étalon du bon goût, et elle le restera longtemps.

L'un des importants musiciens amateurs de l'époque est Francis Hopkinson (1737-1791). Juge de profession et poète à ses heures, il prend part à la vie musicale de Philadelphie comme professeur de musique religieuse. On lui doit la chanson *My Days Have Been So Wondrous Free* (*Mes jours ont été si merveilleusement libres*), apparemment la première pièce profane d'un Américain natif. Dans la préface de ses *Seven Songs*, Hopkinson assure en 1788 : « On ne peut pas me refuser, je crois, le mérite d'être le premier natif des États-Unis à avoir produit une composition musicale. » Au titre de délégué du New Jersey, il a été entre-temps l'un des cinquante-six signataires de la Déclaration d'indépendance des États-Unis, promulguée le 4 juillet 1776.

En parallèle à ces événements, se développe un idiome musical afro-américain dont l'importance se révélera déterminante dans l'histoire de la musique américaine. Déportés dès 1619 en Amérique du Nord, les esclaves noirs – ils seront au nombre d'un million sur le territoire en 1800, et de quatre millions en 1860 – donnent naissance au blues. Les esclaves expriment la difficulté de leur existence dans cette poésie déclamée, aux rythmes syncopés, issue des chants de travail et des cris d'appel des plantations. Conjugué aux psaumes protestants des colons, ce folklore d'origine africaine donnera naissance aux negro spirituals et au gospel à la fin du XVIIIe siècle. Dans la seconde moitié du XIXe siècle, il commencera d'imprimer sa marque sur le répertoire savant, puis se mélangera plus tard au ragtime et donnera naissance au jazz au début du XXe siècle.

DES PROFESSIONNELS VENUS DE LA VIEILLE EUROPE

Certains musiciens professionnels européens ne font que passer aux États-Unis, d'autres s'y installent. L'un des premiers est l'Allemand Charles Théodore Pachelbel (1690-1750), fils de l'auteur du fameux *Canon*. Il débarque à Boston en 1733 et s'installe à Charleston. On retient de lui un *Magnificat* pour huit voix, composé en Europe, et l'air *God of sleep, for whom I languish* de 1744. Dans le dernier tiers du siècle et au début du XIXe, les États-Unis connaissent une première importante vague d'immigration de musiciens professionnels. La Nouvelle-Angleterre accueille surtout des compositeurs anglais, mais des protestants moraves, moins réticents à la pratique instrumentale, fondent aussi des communautés en Pennsylvanie et en Caroline du Nord – citons les compositeurs Johannes Herbst (1735-1812) ou Johann Friedrich Peter (1746-1813).

Forts du prestige de leur expérience européenne et déjà solidement formés, ces immigrés occupent des postes d'organiste, enseignent, se produisent comme instrumentistes et promeuvent leurs œuvres, dirigent des théâtres et organisent des concerts dont ils sont souvent les chefs d'orchestre et les compositeurs. Désormais publiées, leurs productions alimentent le circuit éditorial et la pratique musicale domestique. Sans être de « grands compositeurs » produisant des « chefs-d'œuvre », ces pionniers façonnent, par leur intense activité, un premier état du paysage musical des États-Unis. Évoquer leurs destins est le meilleur moyen de voir celui-ci se dessiner.

Citons d'abord l'Anglais William Selby (1738-1798), arrivé en 1773. Il dirige à Boston une série de concerts dans lesquels on entend ses œuvres aux côtés de celles de Haendel, Arne, Piccinni, Dittersdorf ou Grétry. Resté célèbre pour sa chanson *The Chace of the Hare* (*La Chasse du lièvre*), Selby est aussi l'auteur d'odes chorales à la gloire de sa nouvelle patrie : *On the*

Anniversary of Independence et *To Columbia's Favourite Son*, créé en 1786 en présence de George Washington, premier Président des États-Unis, à qui est également dédiée l'*Ode to the President*. L'exemple de Selby montre que ces musiciens immigrés, souvent très patriotes, ne se contentent pas de considérer l'Amérique comme une province musicale de l'Europe. Originaire des Pays-Bas, Peter Albrecht van Hagen (1750-1809 ?), d'abord établi à Charleston, est lui aussi l'auteur d'œuvres patriotiques : la *Federal Overture* et *A Dirge on the Death of General Washington* (*Un chant funèbre sur la mort du Général Washington*). Il prend la tête des Old City Concerts à New York, puis, à Boston, dirige l'orchestre du Federal Theatre et tient un magasin de musique avec son fils. Après la guerre d'indépendance des États-Unis (1775-1783), les musiciens émigrent souvent de Charleston vers Boston, Philadelphie et New York, ces deux dernières villes devenant les centres culturels les plus dynamiques.

D'autres musiciens européens s'installent en Amérique peu après la guerre d'indépendance, parmi lesquels les Anglais Alexander Reinagle, Rayner Taylor, Benjamin Carr et James Hewitt. Venu de Londres, Reinagle (1756-1809) est l'un des meilleurs musiciens d'Amérique – pour preuve, Washington l'engage comme professeur de sa fille adoptive Nelly Custis. Arrivé en 1786, il s'installe à Philadelphie, où il reprend les

City Concerts. Parmi ses pièces pour clavier, ses quatre sonates de 1790 sont considérées comme les meilleures productions instrumentales américaines du XVIIIe siècle. Influencées par celles de Carl Philipp Emanuel Bach, auquel Reinagle avait rendu visite à Hambourg, ces œuvres sont les premières des États-Unis spécifiquement destinées au piano. Reinagle devient ensuite directeur de la New Company de Philadelphie et Baltimore, dont il compose nombre des *ballad operas* et des musiques de scène.

Présent sur le continent à partir de 1790, l'Anglais John Christopher Moller (1755-1803) prend part à la vie musicale de Philadelphie, puis de New York, comme instrumentiste et organisateur de concerts. Il joue notamment de l'harmonica de verre, instrument qu'a inventé Benjamin Franklin en 1761. Parmi les pièces qu'a laissées Moller figurent des quatuors à cordes et des sonates. Un autre célèbre musicien de l'époque est Victor Pélissier (1745 ?-1820 ?). Né à Paris, ce virtuose du cor arrivé à Philadelphie en 1792 joue dans l'orchestre de l'Old American Company et lui fournit diverses musiques. Son *Ariadne Abandoned by Theseus in the Isle of Naxos* (*Ariane abandonnée par Thésée sur l'île de Naxos*), créé à New York en 1797, est l'un des jalons du théâtre lyrique américain. Le compositeur publie les *Pelissier's Columbian Melodies*, douze volumes de pièces pour piano fondées sur ses œuvres théâtrales. Présent aux États-Unis depuis 1792, l'Anglais Rayner Taylor (1747-1825) a été le professeur de Reinagle, qui l'a peut-être incité à émigrer à son tour. Auteur d'hymnes et de pièces pour piano, Taylor compose surtout des chansons satiriques et des danses pour vaudevilles, ce qui fait de lui un précurseur des *minstrels*, ces poètes-musiciens qui donneront des spectacles parodiques, et du théâtre lyrique populaire américain. Personnage extravagant, il est connu pour ses improvisations à l'orgue (dont il serait le meilleur exécutant d'Amérique) autant que pour sa capacité à improviser de faux opéras italiens dont il chante tous les rôles.

Le « père de la musique à Philadelphie », tel que l'on surnomme l'Anglais Benjamin Carr (1768-1831), y est arrivé en 1793. Il possède des boutiques d'instruments et de partitions dans cette ville ainsi qu'à New York et Baltimore. Éditeur, pianiste et chanteur d'opéras-comiques, il compose pour le New Theatre de Philadelphie et l'Old American Company de New York, où est créé en 1796 son opéra *The Archers, or The Mountaineers of Switzerland* (*Les Archers, ou les Montagnards Suisses*), inspiré de la légende de Guillaume Tell. Carr est aussi l'auteur de pièces pour piano, de morceaux religieux et d'une célèbre *Federal Overture* (1794) dans laquelle résonnent *La Marseillaise* et des chants révolutionnaires français (*Ah ! ça ira* et *La Carmagnole*) pour faire écho aux tensions politiques entre les États-Unis et la France. Sa pièce pour orgue *Voluntary* est d'une réelle qualité, ainsi que sa mise en musique de l'*Hymn to the Virgin* de Walter Scott. Collaborateur du *Musical Journal*, qu'il édite, Carr est en 1820 le principal fondateur avec Rayner Taylor de la Musical Fund Society de Philadelphie. Toujours active de nos jours, cette organisation s'était donné pour mission de mener une action pédagogique et d'aider les musiciens dans le besoin en organisant des concerts. Elle fait jouer les œuvres orchestrales de Beethoven du vivant du compositeur, et durant les deux premières décennies de son existence accueille de célèbres artistes européens, comme les cantatrices Henriette Sontag, Pauline Viardot, Maria Malibran et les violonistes Ole Bull, Camillo Sivori et Henri Vieuxtemps.

Parmi ces professionnels qui ont fait le pari d'une nouvelle vie aux États-Unis, signalons enfin James Hewitt (1770-1827), établi à New York en 1792, puis plus tard à Boston, Charleston et Augusta (Géorgie). Violoniste, compositeur, éditeur, cet exact contemporain de Beethoven est le chef du Park Street Theatre de New York. Son *opera ballad Tammany, or The Indian Chief* lui est commandé en 1794 par le Parti démocrate, alors anti-fédéraliste. Parmi les pièces pour clavier d'Hewitt se distingue *The Battle of Trenton*, une imposante sonate à programme avec récitant qui témoigne du patriotisme du compositeur (le fils d'Hewitt, lui-même musicien, se nommait George Washington Hewitt !) Encore connue aujourd'hui, l'œuvre évoque la victoire du général Washington en 1776 contre la garnison de mercenaires allemands à la solde des Britanniques, épisode important de la guerre d'indépendance. Dédiée à l'homme d'État, dont le portrait orne la partition, *The Battle of Trenton* est formée d'épisodes tels qu'« Acclamation des Américains », « Marche de Washington », « Défaite des mercenaires hessiens » ou « Trompettes de la victoire », et contient la chanson d'origine anglaise *Yankee Doodle*, dont les Américains ont fait l'un de leurs plus célèbres airs patriotiques.

LA *FIRST NEW ENGLAND SCHOOL* ET WILLIAM BILLINGS

Après les années de guerre d'indépendance, le réseau d'institutions pédagogiques et de chœurs amateurs ou professionnels s'est densifié, entraînant la publication en masse de *Tune books*, recueil d'hymnes à quatre voix destinés aux églises et aux écoles de chant. Ces partitions sont signées de compositeurs américains peu formés (les *Tune book compilers*) que l'on regroupe parfois sous l'étiquette de *First New England School* (Première école de Nouvelle-Angleterre, où ils se situent pour la plupart). Entre 1770 et 1810, pas moins de deux-cent cinquante compositeurs écrivent quelque cinq mille pièces. Les principaux sont William Billings (1746-1800) et Daniel Read (1757-1836), mais on peut également citer James Lyon (1735-1794), Justin Morgan (1747-1798), Lewis Edson (1748-1820), Andrew Law (1749-1821), Supply Belcher (1751-1836), surnommé « le Haendel du Maine », Abraham Wood (1752-1804), Timothy Swan (1758-1842), Jacob Kimball (1761-1826), Jeremiah Ingalls (1764-1828) et Oliver Holden (1765-1844).

Dans la tradition du chant religieux a cappella, ces natifs inventent un art spontané, efficace, émancipé du répertoire européen. Leurs pièces, qui connaissent une grande diffusion, portent des titres courts évoquant souvent des lieux : « Russia » ou « Greenwich » de Daniel Read, « Hampshire » ou « Amherst » de William Billings, « Bridgewater » et « Lenox » de Lewis Edson. Leur harmonie est diatonique et leur polyphonie simple, bien qu'usant parfois d'un contrepoint rudimentaire avec la technique du « fuguing tune », le thème principal étant confié successivement aux quatre voix à la manière d'un début de fugue. William Billings est le plus doué de ces autochtones. Parallèlement à ses activités musicales, il continue d'exercer sa profession de tanneur – jusqu'à Charles Ives au moins, nombre de compositeurs américains seront des « amateurs ». Billings a étudié dans une école de chant mais reste un autodidacte quant à la composition, malgré des conseils reçus de Hans Gram (1754-1804), un Danois émigré à Boston. Dès les années 1770, Billings est une personnalité incontournable des églises bostoniennes. Ses trois cent quarante pièces religieuses, la plupart sur des textes du prédicateur anglais Isaac Watts, paraissent en six recueils. Le premier, *The New-England Psalm-Singer* de 1770, lui offre une grande renommée – il s'agit du premier *Tune book* formé de pièces originales d'un unique compositeur américain. Dans *The Continental Harmony* de 1794, son dernier *Tune book*, Billings évoque sa méthode de composition : conscient que sa formation sommaire participe de l'originalité de sa musique, il explique laisser venir librement à son esprit la ligne mélodique, et n'utiliser les règles de l'harmonie que pour arranger les autres voix. Entendus aujourd'hui, ces hymnes aux sonorités authentiques et sauvages semblent contenir en germe l'imaginaire de la musique américaine. Ils en constituent en tout cas un élément vital qui, mêlé à l'héritage européen déjà évoqué, contribuera à l'apparition d'une couleur, peut-être même d'une esthétique musicale américaines.

L'ÉVEIL D'UNE CONSCIENCE MUSICALE AMÉRICAINE

La fondation de sociétés musicales et d'orchestres permet à la musique de prendre place dans les théâtres et favorise l'exécution d'amples partitions. La Boston Haendel and Haydn Society, fondée en 1815, se consacre essentiellement à la musique européenne. En 1842 est créé le New York Philharmonic, première formation symphonique institutionnalisée du pays, et aujourd'hui encore formation de premier plan – lors de son concert inaugural, l'orchestre joue la *5ᵉ Symphonie* de Beethoven. La Boston Academy of Music, institution pédagogique d'envergure, est fondée en 1833. Des troupes et des solistes circulent aux États-Unis, essentiellement des Européens pour qui le territoire américain représente un nouveau marché.

Une personnalité marquante comme celle d'Anthony Philip Heinrich (1781-1861) témoigne toutefois que les États-Unis auront bientôt leurs compositeurs. Cultivant l'autodérision et affirmant que son œuvre ne serait comprise qu'après sa mort, Heinrich revendique une identité artistique spécifiquement américaine et fait entrer les États-Unis dans le mythe romantique de l'auteur. En 1823, un critique bostonien explique que son œuvre « embrasse tous les styles de composition » et la juge « pleine d'audace, d'originalité, de science, et même de sublime » ; il ajoute que le musicien peut légitimement se faire appeler « le Beethoven d'Amérique ». Né dans une riche famille de Bohême, Heinrich avait émigré aux États-Unis pour faire prospérer ses affaires. Mais lorsque celles-ci périclitèrent vers 1817, il décida de se consacrer à la composition, tout en dirigeant un théâtre à Philadelphie, en enseignant le violon et en vivant un temps parmi les Indiens.

Son vaste catalogue comprend des chansons, des pièces pour chœur et pour clavier regroupées dans des recueils aux titres programmatiques et quasi lisztiens tels que *The Dawning of Music in Kentucky, or the Pleasures of Harmony in the Solitudes of Nature* (*L'aube de la musique dans le Kentucky, ou les plaisirs de l'harmonie dans la solitude de la nature*). Le « compositeur à la cabane », comme il aimait à se nommer lui-même, est aussi l'auteur de pièces orchestrales qui font figure de poèmes symphoniques avant l'heure, exaltant l'histoire, les grands espaces et les idéaux américains : la fantaisie *Pushmataha, a Venerable Chief of a Western Tribe of Indians* (*Pushmataha, chef vénérable d'une tribu d'Indiens de l'Ouest*), le concerto grosso *The Treaty of William Penn with the Indians* (*Le Traité de William Penn avec les Indiens*) ou *The Colombiad, Grand American National Chivalrous Symphony* (*La Colombiade, grande symphonie nationale américaine et chevaleresque*). Ces productions reprenant des thèmes de musique indienne sont les premières tentatives de musique « indianiste ». Manquant probablement de technique, Heinrich eut la volonté d'incarner la figure du grand compositeur américain – cela explique qu'il fut considéré par certains comme le premier compositeur professionnel d'Amérique, ce qui est exagéré.

Dans des conférences de 1852, le critique William Henry Fry (1813-1864) dresse un état des lieux de la vie musicale américaine. Il décrit un système dans lequel les compositeurs, peu joués et manquant de reconnaissance, sont pour la plupart contraints de gagner leur vie en exerçant une autre profession. La faute en est au manque d'audace des compositeurs, à la maigre culture du public et à la frilosité des organisateurs de concerts. Fry est lui-même l'auteur d'un opéra, *Leonora*, dont la création à Philadelphie en 1845 a marqué une date, celle de la première exécution d'une œuvre lyrique d'envergure entièrement composée par un natif. Dominée par le style italien, l'œuvre a toutefois essuyé de sévères critiques. Lors d'un voyage à Paris, Fry a tenté d'intéresser à *Leonora* le directeur de l'Opéra, Henri Duponchel. La réponse que lui fit ce dernier résume la position de l'Europe vis-à-vis de l'Amérique musicale de l'époque : « Nous autres voyons l'Amérique comme un pays industriel, excellent dans les télégraphes électriques, mais pas dans l'art. On me prendrait pour un fou si je montais un opéra composé par un Américain ! »

C'est peut-être cet échec qui conduit Fry à en appeler à l'indépendance musicale des États-Unis, qu'il rêve à l'image de son indépendance politique. Pour qu'elle advienne, les musiciens doivent selon lui s'inspirer de l'histoire et de la culture de leur pays et cesser de considérer les modèles européens comme des canons indépassables. Les institutions musicales doivent également jouer leur rôle en accordant la place qu'ils méritent aux compositeurs américains. George Frederick Bristow (1825-1898) soutiendra Fry dans son analyse en expliquant que « depuis onze ans que le New York Philharmonic est actif, il n'a joué qu'une seule fois, par erreur ou par accident, une composition d'un Américain – une ouverture de ma plume ». Le propos de Fry témoigne de l'émergence d'une conscience musicale américaine. La situation qu'il dénonce s'améliorera certes, sans totalement se résoudre : les institutions et les organisateurs de concerts auront toujours tendance à léser les compositeurs américains au profit des répertoires européens, au prestige supérieur et au succès assuré.

LOUIS MOREAU GOTTSCHALK,
PREMIER VIRTUOSE DU NOUVEAU MONDE

Au milieu au XIXe siècle se développe la carrière du premier grand virtuose américain, Louis Moreau Gottschalk (1829-1869). Envoyé à Paris à seulement douze ans, l'enfant y étudie avec Charles Hallé et Camille Stamaty. À l'issue de son premier concert parisien dans les salons Pleyel en 1845, Chopin voit en lui le futur « roi des pianistes ». Kalkbrenner le reçoit, Berlioz loue son talent dans la presse, le Tout-Paris le célèbre. Gottschalk publie sa première pièce en 1847, *Polka de salon*, sous la signature de « Gottschalk de Louisiane », et acquiert la célébrité avec *Le Bananier*, *Bamboula*, *La Savane* et *Le Mancenillier*. Ces quatre morceaux sont inspirés des musiques antillaises que Gottschalk a entendues dans sa Louisiane natale chantées par les esclaves des plantations et les domestiques de sa famille. *La Savane* reprend une chanson créole et *Bamboula* les contredanses d'Haïti et Cuba, elles-mêmes dérivées de la contredanse française jadis importée dans ces territoires. En utilisant leur rythme syncopé, Gottschalk préfigure le cake-walk, une danse que les Noirs développeront à partir des années 1870 et qui donnera naissance au ragtime à la fin du siècle.

Toute une partie de la production de Gottschalk est en effet marquée par la musique créole. Bien avant

Antonín Dvořák, il est le premier compositeur savant à s'emparer de la musique afro-américaine. Après sa période parisienne, Gottschalk vit en Suisse, en Espagne, aux États-Unis, dans les Antilles, aux États-Unis de nouveau et en Amérique du Sud. Partout acclamé, il donne des milliers de concerts lors desquels il interprète ses innombrables pièces, entre morceaux de salon et de virtuosité, simples de conception et avant tout destinées à éblouir les foules. Ces œuvres puisent leur capacité d'évocation dans de nombreuses sources d'inspiration et reprennent souvent un matériau préexistant (thème célèbre, chant populaire, air d'opéra…). En réalité, l'imaginaire de Gottschalk est davantage exotique et cosmopolite que proprement américain, ce qui s'explique probablement par sa naissance à La Nouvelle-Orléans d'un père d'origine juive allemande et d'une mère issue d'une famille française installée à Saint-Domingue.

Gottschalk saura toutefois s'adapter au public américain, par exemple avec ses pièces *The Last Hope* et *The Dying Poet*, d'un sentimentalisme bon teint, ou *Union*, paraphrase brillante sur les airs patriotiques « Star Spangled Banner », « Yankee Doodlee » et « Hail Columbia ». Signalons aussi *Le Banjo*, portrait d'un exubérant banjoïste noir. Le morceau se fonde sur une chanson de Stephen Foster (1826-1864), principal représentant de la tradition des *minstrels*. Ces poètes-musiciens-acteurs ambulants donnent des spectacles burlesques parodiant parfois la musique des Noirs. Entre un comique débridé séduisant le plus grand nombre et un raffinement s'adressant à la bonne société de la côte Est, les chansons des *minstrels* constituent un pan essentiel des musiques populaires entre 1830 environ et la fin du siècle. Contrairement à Daddy Rice (1808-1860) ou Henry Russell (1812-1900), qui chantent et miment leurs chansons, Foster n'est qu'auteur-compositeur. Parmi ses grands succès, citons *Susanna*, *My Old Kentucky Home* (dont Charles Ives donnera un arrangement pour orchestre d'harmonie) ou *Old Black Joe*, des chansons qui habitent encore l'imaginaire collectif américain.

L'INTENSIFICATION DE LA VIE MUSICALE

Après la guerre de Sécession (1861-1865), la musique devient un art qu'il est de bon ton de cultiver dans la bourgeoisie. La vie musicale s'intensifie, la critique se développe, les conservatoires se remplissent. Les célébrités européennes font les beaux soirs de la vie musicale. Johann Strauss fils vient diriger sa musique à Boston et New York en 1872, le pianiste Hans von Bülow donne cent trente-neuf concerts en 1875-1876, dont la première américaine du *Premier Concerto* de

Tchaïkovski à Boston – il reviendra en 1889 pour une série de récitals à New York.

Jacques Offenbach est invité à diriger une quarantaine de concerts à New York et Philadelphie en 1876. L'année suivante, il publie la chronique de son voyage, *Offenbach en Amérique : notes d'un musicien en voyage*, vision instructive d'un Européen en goguette aux États-Unis. Impressionné par le niveau d'industrialisation du pays, le musicien raconte New York et son confort domestique, ses transports en commun, la « réclame », les courses hippiques, la presse, les théâtres, les menus des restaurants et leurs garçons, les pompiers, les Américaines, la liberté... Mais aussi les concerts qu'il dirige et les orchestres ; d'un excellent niveau à New York, ceux-ci restent médiocres dans les petites villes. Offenbach fait cet intéressant constat : « À New York il n'y a ni opéra permanent, ni opéra-comique permanent, ni même un théâtre d'opérettes qui puisse être assuré de vivre deux ans. [...] Le théâtre vit, en Amérique, au jour le jour. Les directeurs et les troupes sont tous des nomades. La plupart des artistes sont des artistes de passage, empruntés au vieux monde, qui viennent faire une saison et repartent. [...] Ni la musique, ni la peinture, ni la sculpture ne se trouvent en Amérique dans des conditions convenables pour se développer. » Affirmation peut-être un peu radicale, mais révélatrice d'une économie qui s'organise au détriment de la pérennité artistique.

Les villes bénéficient heureusement d'un mécénat qui leur permet de se doter d'infrastructures : le Music Hall de Cincinnati en 1878, le Carnegie Hall de New York en 1891, lors de l'inauguration duquel Tchaïkovski, invité d'honneur, dirige sa musique, ou l'Orchestra Hall de Chicago en 1904. Les formations se développent parallèlement : la fondation du New York Philharmonic en 1842 est suivie de celles du Boston Symphony Orchestra en 1881, du Chicago Symphony Orchestra en 1891, du Philadelphia Orchestra en 1900 et du Cleveland Orchestra en 1918 – ces orchestres seront plus tard surnommés les « Big Five ». Le Metropolitan Opera House de New York est fondé en 1883.

LA *SECOND NEW ENGLAND SCHOOL* :
DE JOHN KNOWLES PAINE À EDWARD MACDOWELL

Une nouvelle génération de compositeurs entre en activité. On pourrait qualifier Charles Martin Loeffler (1861-1935) d'indépendant, car malgré sa présence aux États-Unis à partir de 1881, il demeure en marge de la musique américaine. Ancien élève de Joseph Joachim en violon à Berlin, puis d'Ernest Guiraud à Paris, Loeffler est durant vingt ans le premier violon du Boston Symphony Orchestra, qui crée certaines de ses œuvres, notamment *Les Veillées de l'Ukraine*. Découlant à la fois des écoles germanique et française et imprégnée de littérature, sa musique de belle facture se situe entre symbolisme et impressionnisme. Datant du début du XXe siècle, *La Mort de Tintagiles*, d'après Maurice Maeterlinck, et *A Pagan Poem* sont parmi ses partitions les plus marquantes. D'un tout autre genre est la musique de John Philip Sousa (1854-1932), que l'on connaît souvent sans le savoir. Surnommé le « roi de la marche », ce chef de fanfare a contribué, avec sa centaine de pièces aussi joyeuses que martiales, à fixer un certain imaginaire sonore américain, celui des défilés et des fêtes nationales. On lui doit notamment *The Stars and Stripes for ever* (pièce de 1896 devenue la marche nationale officielle des États-Unis en 1987), *The Washington Post*, *Semper Fidelis* (marche du Corps des Marines, dont Sousa dirigea la fanfare) ou encore *The International Congress* (dédiée à Offenbach, dans l'orchestre duquel joua Sousa en 1877, ce qui explique l'irruption dans la pièce de *La Marseillaise*).

Mais c'est surtout la *Second New England School* (Seconde école de Nouvelle-Angleterre) qui s'impose au tournant du siècle. John Knowles Paine (1839-1906) apparaît comme le chef de file officieux de cet ensemble de compositeurs, aussi appelés « Boston Classicists » ou « Boston School ». Ses principaux représentants sont George Chadwick (1854-1931), Arthur Foote (1853-1937), Horatio Parker (1863-1919), Amy Beach (1867-1944) – la première compositrice américaine – et Daniel Gregory Mason (1873-1953). À ces « Boston Six » on peut aussi associer George Whiting (1842-1923), Edgar Stillman Kelley (1857-1944), Arthur Whiting (1861-1936) et Edward MacDowell (1860-1908), le plus important compositeur après Paine. Originaires de la Nouvelle-Angleterre, ces musiciens mènent pour la plupart une partie de leurs études en Europe, ce qui à leur retour aux États-Unis leur confère un grand prestige. Solidement formés, ils composent dans un style germanique, sans éviter souvent les clichés romantiques ou postromantiques, même si certains développent un idiome plus personnel. Ils sont aussi parmi les premiers, à partir des années 1870, à dispenser en Amérique un enseignement académique de haut niveau, facteur déterminant dans la formation des générations suivantes.

John Knowles Paine est le premier compositeur nommé professeur dans une université. Dans un contexte où le mécénat bénéficie peu aux créateurs, ce type de poste représente une professionnalisation de l'activité de compositeur. Après avoir vécu plusieurs années en Allemagne, Paine est nommé en 1861 à Harvard, où il enseignera durant quatre décennies. Parmi ses élèves comptent Arthur Foote,

Frederick S. Converse (1871-1940), John Alden Carpenter (1876-1951), Daniel Gregory Mason et Carl Ruggles (1876-1971). Souvent programmé par le Boston Symphony Orchestra, Paine est l'un des premiers Américains reconnus comme compositeur de musique de concert. Sa *Messe en Ré*, son oratorio *St Peter* et sa *1re Symphonie* sont écrites dans un style germanique assez académique – cette dernière, de 1875, évoque Schumann à s'y méprendre. Paine adopte ensuite une harmonie plus chromatique, par exemple dans sa *2de Symphonie* et sa musique de scène pour *Œdipus tyrannus*, dont le *Prélude* est souvent détaché.

Dans les années 1890, George Whitefield Chadwick est l'une des figures phares de la musique américaine. Il a étudié à Munich avec Rheinberger et à Leipzig avec Reinecke. Nommé directeur du Conservatoire de Nouvelle-Angleterre en 1897, il y déploie une activité intense et devient un professeur influent. Son écriture est marquée par la tradition germanique mais son apport à la formation d'un style national est déterminant. Une couleur américaine apparaît en effet dans son œuvre, qui s'explique par l'utilisation de rythmes syncopés issus de la musique noire, de parallélismes harmoniques et d'un lyrisme diatonique qui sera l'un des traits de la musique américaine – trace peut-être de son importante tradition d'hymnes religieuses. Les œuvres les plus significatives de l'américanisme de Chadwick sont sa *2de Symphonie* de 1885, son *4e Quatuor à cordes* de 1896 certainement inspiré du *Quatuor* « Américain » de Dvořák, et surtout ses *Symphonic Sketches* de 1904. Citons aussi sa *Suite symphonique*, dont l'« Intermezzo et humoresque » contient un cake-walk, sa « ballade symphonique » *Tam O'Shanter*. Parmi les sept œuvres scéniques du compositeur, l'opéra *The Padrone*, marqué par Puccini, met en scène des immigrants italiens venus s'installer sur la côte Est des États-Unis. Composé en 1912 mais créé seulement en 1997, il propose une sorte de vérisme citadin et à l'américaine.

L'un des étudiants de Chadwick, Horatio Parker, s'est lui aussi perfectionné à Munich avec Rheinberger. Son oratorio *Hora novissima*, empreint d'un sentiment religieux puritain, lui offre en 1893 une importante audience. Dans un style encore marqué par Brahms et Elgar, son poème symphonique *A Northern Ballad* et son *Concerto pour orgue et orchestre* sont ses partitions les plus jouées. Parker obtient en 1894 un poste à l'université de Yale, où il sera le professeur de Charles Ives. Dans une deuxième période, son œuvre se fait plus sombre, entre chromatisme postwagnérien et langage debussyste. En 1912, son opéra *Mona* est représenté au Metropolitan Opera de New York. Son oratorio *Morven and the Grail*, commandé pour le centenaire de la Boston Haendel and Haydn Society en 1915, témoigne d'un retour à une certaine simplicité harmonique.

Au tournant du siècle, celui que tous considèrent comme le plus grand compositeur américain est Edward MacDowell, professeur à l'université de Columbia à partir de 1896. MacDowell a vécu une dizaine d'années en Europe, où il a étudié au Conservatoire de Paris avec Marmontel, puis en Allemagne avec Raff. Il rencontre le succès avec des œuvres procédant du romantisme allemand, la *1re Suite moderne* pour piano et les deux *Concertos pour piano* de 1888 et 1889, qui lui valent le soutien de Liszt. Ses cycles de miniatures pour piano, *Woodland Sketches* et *New England Idyls* par exemple, s'inspirent cependant d'un imaginaire romantique et de légendes celtes, des paysages et de l'éternel américains. La *2e Suite « Indienne »* pour orchestre de 1896 reprend même des mélodies indiennes répertoriées dans la thèse du musicographe Theodore Baker, spécialiste des Indiens d'Amérique. Pourtant, le folklore n'est nullement pour MacDowell un facteur d'identité musicale nationale. Selon lui, son utilisation dans la musique savante ne saurait produire qu'une couleur locale accessoire. C'est ce qu'il expliquera après la création de la *Symphonie « du Nouveau Monde »* d'Antonín Dvořák, inspirée du folklore américain.

LA PÉRIODE AMÉRICAINE D'ANTONÍN DVOŘÁK

En 1891, Antonín Dvořák se voit proposer de diriger le Conservatoire national de New York par la mécène Jeannette Thurber. Celle-ci souhaite hisser l'établissement au niveau du Conservatoire de Paris, où elle a jadis étudié. Le compositeur tchèque est le candidat idéal. Il est auréolé de prestige depuis le succès de ses *Danses slaves* et de son *Stabat Mater*, et sa musique est souvent jouée aux États-Unis depuis les années 1870. En outre, Thurber a dans l'idée de favoriser l'éclosion d'une école américaine de composition en donnant l'exemple d'un musicien ayant su s'inspirer du folklore de sa patrie natale. Après quelques hésitations, Dvořák accepte. Thurber lui commande aussitôt un *Te Deum* célébrant le quadricentenaire de la découverte de l'Amérique par Christophe Colomb. C'est avec cette partition que le musicien fait ses débuts de chef d'orchestre sur le continent, en octobre 1892 au Carnegie Hall, trois semaines après son arrivée. Jusqu'en avril 1895, Dvořák dirige le Conservatoire, enseigne la composition et prend part à la vie musicale new-yorkaise avec un dynamisme qui éblouit les Américains.

Curieux de connaître le folklore musical du pays, il demande à son élève noir Henry T. Burleigh (1866-1949) de lui chanter des chansons de plantation et des negro spirituals, chants d'inspiration biblique issus de la rencontre un siècle auparavant des traditions religieuses africaines avec les hymnes protestantes. Sous l'impulsion de ces découvertes, Dvořák compose en 1893 sa *9ᵉ Symphonie*, dite « du Nouveau Monde », et son *12ᵉ Quatuor* « Américain ». La *Symphonie* est créée en décembre 1893 par le New York Philharmonic, au Carnegie Hall, sous la direction d'Anton Seidl. Ce chef hongrois, après avoir été l'un des assistants et protégés de Richard Wagner, s'installa à New York, où il devint pendant un temps le chef principal du Metropolitan Opera, portant la bonne parole wagnérienne dans le Nouveau Monde mais défendant aussi Edward MacDowell, dont il prétendait la musique plus intéressante que celle de Brahms.

Dans sa *Symphonie*, Dvořák réinvente le folklore américain plus qu'il ne lui emprunte – comme il en est coutumier avec le folklore de son pays. « J'ai simplement écrit des thèmes personnels, en leur donnant les particularités de la musique des Noirs et des Peaux-Rouges », expliquait-il. MacDowell, en quête d'universel, contestera tout américanisme à la partition de Dvořák : « Une musique purement nationale, qu'elle soit russe, bohémienne ou de toute autre dénomination, n'a pas sa place dans la création artistique, car ses traits caractéristiques peuvent être reproduits par n'importe qui. [...] Le Bohémien Dvořák nous a offert un modèle de "costume" national musical américain – même si ce que les mélodies noires ont à voir avec l'américanisme en art demeure un mystère. Une musique fabriquée selon une "recette" n'est pas de la musique, c'est un "habit sur mesure". [...] Ce n'est pas en nous accoutrant d'un vêtement soi-disant national, copié d'après celui des Noirs et coupé en Bohême, que nous y parviendrons. »

Mélodies pentatoniques, rythmes syncopés, harmonies mineures naturelles, tels sont les ingrédients propres aux œuvres que Dvořák compose en s'inspirant du Nouveau Monde. Le thème poignant du « Largo » de sa *9ᵉ Symphonie*, confié au cor anglais, semble condenser toute l'Amérique en quelques notes d'une grande nostalgie. Inspirée au compositeur par le poème épique *The Song of Hiawatha* de Henry Longfellow, cette mélodie deviendra bel et bien un chant populaire américain, sous la forme d'un « faux » negro spiritual intitulé *Goin' home*, arrangé par William Arms Fisher (1861-1948), un ancien élève de Dvořák. Pour que soit complète la liste des œuvres inspirées au Tchèque par le folklore américain, il faut citer son *3ᵉ Quintette à cordes* dit « Indien », d'un folklorisme peu marqué, sa *Sonatine pour violon* et sa *Suite en la* dite « américaine » pour piano. Jeannette Thurber a également commandé au compositeur la cantate *The American Flag*, sur un poème de Joseph Rodman

Drake en hommage aux soldats de la guerre anglo-américaine de 1812.

LE FOLKLORISME COMME PREMIER AMÉRICANISME

Pour favoriser l'éclosion d'une musique nationale et indépendante, Dvořák exhorte les compositeurs américains à enraciner leurs œuvres dans le folklore, comme lui-même en a montré l'exemple. Parmi les productions qui en résultent au tournant du siècle, les *Five Indian Sketches* et les *Six Plantations Sketches* pour violon et piano d'Henry T. Burleigh, élève de Dvořák et probablement premier compositeur noir-américain de musique savante, arrangeur de nombreuses mélodies folkloriques. À la même époque, Henry F. Gilbert (1868-1928) compose des pièces pour orchestre comme la *Comedy Overture on Negro Themes* ou la *Summer-Day Fantasie*, d'après l'écrivain Henry David Thoreau, dont l'œuvre marque un jalon de la littérature américaine. Mais le plus important de ces « folkloristes » est Arthur Farwell (1872-1952), élève de Chadwick – ce n'est pas un hasard – puis d'Humperdinck, Pfitzner et Guilmant en Europe. À côté d'une production traditionnelle allant de l'impressionnisme (*The Gods of the Mountain*) à la polytonalité (*Polytonal Studies*), Farwell mène un travail de collecte du folklore américain. Il l'harmonise, comme dans ses *Impressions of the Wa-Wan Ceremony of the Omahas* ou ses *Four Indian Songs*, et l'utilise dans des partitions plus élaborées, tels son *Quatuor à cordes* « The Hako » ou son *Indian Suite* pour orchestre. Quelques compositeurs que l'on qualifie d'« indianistes » s'intéressent plus spécifiquement au folklore amérindien : Charles Wakefield Cadman (1881-1947), Charles Sanford Skilton (1868-1941) ou Arthur Nevin (1871-1943).

Ainsi, l'idée d'une musique authentiquement américaine s'est peu à peu affirmée – *américaine* non seulement car elle était composée sur le territoire des États-Unis, par des Européens immigrés ou des natifs se contentant d'imiter les modèles européens, mais aussi car elle cherchait à traduire quelque chose de l'américanité (que ce mot désigne l'âme et l'histoire des États-Unis, l'essence de son peuple, sa manière d'être et ses aspirations, ou l'idée qu'il se fait de lui-même). Certains élèves des membres de la *Second New England School* empruntèrent en effet la voie du folklorisme plutôt que de suivre leurs maîtres dans leur imitation tardive du romantisme allemand, plus consciencieuse qu'inventive. Ce fut le cas par exemple d'Henry F. Gilbert, qui étudia avec MacDowell. Certes, le folklorisme ne conduisit ni à la fondation d'une véritable école, ni à l'écriture de chefs-d'œuvre, mais affirmer qu'il fut vain serait injuste. Déjà suggéré dans le travail de Gottschalk sur la couleur locale, présent plus explicitement dans l'œuvre de Chadwick, indiqué enfin avec autorité par Dvořák, il donna à la musique américaine une véritable impulsion et la mit sur le chemin d'une identité propre. Au demeurant, nombre de musiciens des générations suivantes, Aaron Copland ou Roy Harris, pour ne citer qu'eux, allaient encore user du folklorisme pour asseoir l'américanisme de leur musique.

CHARLES IVES,
PROPHÈTE DE LA NOUVELLE-ANGLETERRE

À l'époque où les folkloristes précités manipulaient mélodies noires et amérindiennes, un compositeur, dans l'isolement, bâtissait une œuvre considérable. Les directions qu'emprunta Charles Ives (1874-1954) furent d'une singularité et d'une audace étonnantes, sans plus de rapport avec celles des folkloristes qu'avec celles de l'avant-garde européenne. L'essentiel de sa production ne fut diffusée qu'à partir de 1939, date de la première exécution de sa *Concord Sonata* achevée quatorze ans auparavant — la *2ᵉ Symphonie* de 1902 n'a quant à elle été jouée qu'en 1951, par le New York Philharmonic dirigé par Leonard Bernstein. Après avoir appris la musique avec son père, adepte lui-même d'expériences sonores inédites, Charles Ives se perfectionne à Yale avec Horatio Parker. À la fin de ses études, il entreprend une brillante carrière… dans les assurances. Pour être un compositeur libre d'expérimenter, mieux vaut selon Ives se tenir à l'écart de la frilosité du milieu musical. Lorsqu'il renonce à la composition en 1927, il n'a que rarement entendu sa musique exécutée dans les conditions qu'elle mérite.

Très tôt Ives a été curieux de techniques expérimentales permettant d'affranchir la musique des règles conventionnelles et du goût européen – manière pour lui de renouer avec la liberté des pionniers américains de la musique, peu formés, après les bonnes manières de la *Second New England School*. Polytonalité, atonalité, polyrythmie, quarts de ton, agrégats sonores, séquences aléatoires, allusions rythmiques et harmoniques au ragtime et au jazz, citations, veine parodique et références en tous genres à la tradition, exploration des modes de jeux, contrastes expressifs extrêmes, juxtapositions d'éléments opposés… la musique d'Ives, même s'il ne faut pas la résumer à ses innovations, étonne par sa complexité – une complexité toujours ludique, loin des calculs de tableau noir. Elle assimile aussi le folklore et les thèmes populaires américains, sans être « folkloriste » à proprement parler. Le *Psaume 67* de 1894 est une relecture des pièces chantées par les colons, la *2ᵉ Symphonie* fait allusion à des hymnes et chansons populaires (de Stephen Foster notamment), en plus de citations de Bach, Brahms, Wagner, Dvořák et Tchaïkovski. La *3ᵉ Symphonie*, « The Camp Meeting », repose aussi sur des hymnes protestantes. La production d'Ives s'enracine fortement dans la Nouvelle-Angleterre. En 1913, le compositeur écrit *A Symphony : New England Holidays*, qui recrée l'atmosphère de fêtes typiquement américaines. Dans sa *2ᵉ Sonate pour piano*, dite *Concord Sonata*, le musicien s'inspire de la pensée transcendantaliste des écrivains associés à la ville de Concord (Henry David Thoreau, Ralph Waldo Emerson, Nathaniel Hawthorne et les membres de la famille Alcott). Composé entre 1909 et 1915, cet inclassable monument est accompagné des *Essays before a Sonata*, textes d'esthétique musicale dans lesquels Ives affirme son attachement à la philosophie transcendantaliste.

Le catalogue d'Ives, imposant pour le « compositeur du dimanche » auquel on l'a parfois réduit, compte cinq symphonies et diverses pièces d'orchestre, trois sonates et des études pour piano, deux quatuors à cordes, quatre sonates pour violon, un trio, de nombreuses mélodies, des pièces pour chœur. Certaines de ses pièces d'orchestre sont captivantes, les très américanistes *Three Places in New-England* par exemple, composées entre 1903 et 1914, rares partitions dont Ives put entendre l'exécution, en 1931. La première,

The « St Gaudens » in Boston Common, conjugue des marches militaires à un negro spiritual, la deuxième, *Putnam's Camp, Redding, Connecticut*, décrit l'enchevêtrement de différentes musiques dans l'esprit d'un jeune garçon assistant aux festivités de l'*Independence Day*, et la troisième, *The Housatonic at Stockbridge*, dépeint un paysage. Leur tendance au chaos, voire à une cacophonie organisée, à l'emprunt et à la juxtaposition de matériaux hétérogènes, n'empêche pas les œuvres d'Ives de distiller lyrisme et poésie, bien au contraire. À ce titre, ses pièces emblématiques sont *Central Park in the Dark*, de 1906, et *The Unanswered Question* deux ans plus tard. La première évoque les bruits de la ville, parmi lesquels un lointain écho de jazz, entendus depuis la nature, la deuxième met en scène d'étranges appels de trompette sur un tapis de cordes que perturbent quatre flûtes. La dimension métaphysique de cette « question sans réponse » annonce la *4ᵉ Symphonie*, l'une des dernières productions du musicien, touffue et synthétisant l'essentiel de ses recherches.

Charles Ives fut sans doute le premier compositeur à élever la musique américaine au niveau d'invention de la tradition européenne, mais il le fit en s'en émancipant et en mettant en œuvre un américanisme à la croisée de l'écriture savante et des sources populaires. Reconnu comme un créateur majeur seulement au cours de la deuxième moitié du XXᵉ siècle, il n'eut par conséquent qu'une influence tardive, et aucun véritable disciple, même si beaucoup, tels Henry Cowell, Carl Ruggles ou Elliott Carter, se sont réclamés de sa modernité prophétique. Aaron Copland aussi, qui fera écho à *The Unanswered Question* dans *Quiet City* en 1940 et *Night Thoughts* en 1972, ainsi que John Adams, qui rendra hommage à son aîné dans *My Father Knew Charles Ives*, aux harmonies mystérieuses dérivant vers la cacophonie et la musique de fanfare.

LES « ROARING TWENTIES » ET LA MUSIQUE
DE LA CIVILISATION INDUSTRIELLE

À la même époque qu'Ives, mais beaucoup plus célèbre que lui, John Alden Carpenter (1876-1951) incarne l'archétype du compositeur américain – même s'il est (ou peut-être parce qu'il est) aussi homme d'affaires. Sa musique aux nombreuses influences associe le folklore américain à des techniques modernes comme la bitonalité. Elle est puissamment orchestrée, parcourue de rythmes vigoureux, perméable au jazz et témoigne d'un certain humour. Élève de Paine à Harvard puis d'Edward Elgar en Europe, Carpenter connaît la célébrité en 1914 avec ses *Adventures in a Perambulator* (*Aventures en poussette*), qui décrivent une journée de l'existence d'un jeune enfant – Walt Disney envisagera plus tard de réaliser un film d'animation d'après la partition. Plus populaire encore, le ballet *Skyscrapers* (*Gratte-ciels*) de 1926 sera pour longtemps un emblème de la musique américaine moderne, car d'inspiration urbaine. À l'origine commandée par Serge Diaghilev pour ses Ballets russes, elle est finalement créée sans eux au Metropolitan Opera de New York (Serge Koussevitzky la dirige à Paris dès 1928). Carpenter est l'un des premiers Américains influencés par Stravinsky. Depuis son *Concertino* pour piano de 1915, le jazz aussi imprègne son œuvre. Suivent la « jazz pantomime » *Krazy Kat*, d'après la fameuse bande dessinée de George Herriman, puis *A Little Piece of Jazz*, pour l'orchestre de Paul Whiteman – auquel nous reviendrons. Parmi de nombreuses mélodies, les *Four Negro Songs* puisent aux origines du folklore américain. Dans un style raffiné marqué par Wagner et Debussy, *Sea Drift* repose en 1933 sur des poèmes de Walt Whitman.

En 1910, l'opéra d'un Américain est pour la première fois représenté sur la scène du Metropolitan Opera : *The Pipe of Desire* de Frederick Converse (1871-1940). Les œuvres de ce disciple de Paine, de Chadwick puis de Rheinberger à Munich, utilisent le folklore et s'inspirent de l'histoire et des paysages des États-Unis, *The Masque of Saint Louis* et *American*

Sketches par exemple. *Flivver Ten Million* demeure sa partition la plus connue, peut-être car elle fait usage d'un klaxon, d'une machine à vent, d'un sifflet et d'une enclume. Dans la lignée du *Pacific 231* d'Arthur Honegger, inspirée par une locomotive dernier cri, *Flivver Ten Million* décrit en 1926 la fabrication et les péripéties de la dix-millionième automobile sortie des usines Ford.

Derrière cet argument humoristique, c'est une certaine idée de la civilisation de l'époque qui se révèle, fascinée par le progrès technique, la vitesse et l'urbanisation. Galvanisée par le jazz naissant, la musique américaine des « Roaring Twenties » – les « Années 1920 rugissantes », qui coïncident avec les « Années folles » en France – reflète l'essor industriel considérable que connaissent les États-Unis triomphants. Du reste, la thématique s'impose aussi en Europe, chez Honegger, chez Alexandre Mossolov avec ses *Fonderies d'acier* ou dans la *2ᵉ Symphonie* de Serge Prokofiev, « Du fer et de l'acier », inspirée du Paris industriel. Tout comme les *Skyscrapers* de Carpenter et *Flivver Ten Million* de Converse, le *Ballet mécanique* de George Antheil, avec pianos mécaniques, percussions, sirène et hélice d'avion, est à placer parmi ces hymnes aux temps modernes. En 1928, Ferde Grofe présentera *Metropolis : Fantasie in Blue*, dont le titre emprunte au film de science-fiction de Fritz Lang sorti l'année précédente et le sous-titre à l'œuvre la plus célèbre de Gershwin. Trois ans plus tard, ce dernier donnera sa *Second Rhapsody*, dite aussi *Manhattan Rhapsody*, qui dépeint un univers citadin, bien davantage encore qu'*Un Américain à Paris*.

Même si les compositeurs sauront aussi exalter l'Amérique des grands espaces, rurale et sauvage, la thématique urbaine perdurera. Dans sa *Music for a Great City*, Copland décrira en 1964 les architectures verticales, l'agitation et le métro de New York, avec un orchestre aux cuivres hurlants et jazzy. Trois décennies plus tard, Steve Reich reprendra l'idée dans *City Life* (*Vie urbaine*), partition recréant l'atmosphère sonore de New York – klaxons, alarmes, sirènes des pompiers et de la police, et même échanges radio des secours lors de l'attentat du World Trade Center de 1993.

LE NOUVEL AMÉRICANISME : WALTER PISTON, ROGER SESSIONS ET VIRGIL THOMSON

Les compositeurs nés entre 1890 et 1900 parviennent à maturité dans les années 1920. Les principaux sont Walter Piston, Roger Sessions, Virgil Thomson, Henry Cowell, George Gershwin et Aaron Copland, généralement regroupés sous la bannière du « Nouvel américanisme ». À l'écoute de l'avant-garde européenne sans s'y soumettre pour autant, cette génération est en effet la première dont on puisse dire, sans ambigüité ni réserve, qu'elle produit dans son ensemble une musique authentiquement américaine. Certains interprètes s'engagent pour la soutenir. C'est particulièrement le cas de Serge Koussevitzky. Chef de premier plan en Europe – il a créé des œuvres de Stravinsky, Roussel, Honegger ou Prokofiev –, il prend la tête du Boston Symphony Orchestra en 1924, et jusqu'au milieu du siècle donne les premières auditions d'une centaine de partitions signées Walter Piston, Howard Hanson, George Gershwin, Roy Harris, Aaron Copland, ou des plus jeunes Samuel Barber et William Schuman.

Dans un style sérieux voire austère, mais dotée d'un véritable souffle, l'œuvre du très influent Walter Piston (1894-1976) représente une forme de synthèse des idiomes savants de l'époque. Ses huit symphonies, huit concertos (dont l'un dédié à Mstislav Rostropovitch) et cinq quatuors à cordes sont la colonne vertébrale de son catalogue. Formé à Harvard, Piston s'exile à Paris en 1924 pour étudier avec Paul Dukas, Nadia Boulanger et Georges Enesco. Deux ans plus tard, il est nommé professeur à Harvard, où il enseignera jusqu'en 1960, comptant parmi ses nombreux élèves des personnalités aussi diverses qu'Elliott Carter, Leroy Anderson, Irving Fine, Leonard Bernstein, Noël Lee et John Harbison.

Chez Piston, un néoclassicisme inspiré de Stravinsky, dont témoigne le ballet *The Incredible Flutist*, alterne avec un idiome presque atonal, à l'occasion dodécaphonique, comme dans la *Sonate pour flûte* et la *1re Symphonie*. Des allusions au jazz ou au folklore américain irriguent les partitions du compositeur, mais demeurent peu audibles, assimilées à la texture. Une période plus lyrique s'ouvre dans les années 1940, représentée par la *2e Symphonie*, l'une des œuvres les plus marquantes de Piston, ou le *3e Quatuor*. Les *4e* et *6e Symphonies*, qui reviennent à une conception plus avant-gardiste, connaîtront aussi un beau succès.

Le grand public, assez hermétique à sa musique exigeante, ignore généralement que Roger Sessions (1896-1985) fut une sommité de la musique américaine. Contrairement à d'autres, le compositeur privilégia l'exigence de son écriture au souci de « sonner américain ». Après avoir étudié avec Parker, Sessions vécut en Europe, où il étudia avec Nadia Boulanger et Ernest Bloch. De retour aux États-Unis, il fut nommé à Princeton puis à l'université de Californie, à Berkeley, où il enseigna durant plus de six décennies. Sa pédagogie sans dogmatisme permit à des dizaines de compositeurs de trouver leur voie – on ne citera que Milton Babbitt, Lehman Engel, Conlon Nancarrow et Eric Salzman. À partir d'un héritage néoclassique dont témoigne sa *1re Symphonie* de 1927 ou sa *1re Sonate pour piano*, Sessions a élaboré un langage de plus en plus complexe. En 1940, son *Concerto pour violon* marque un tournant par son contrepoint ouvragé et sa difficulté d'exécution. Au milieu du siècle, le compositeur adopte un dodécaphonisme libre, probablement influencé par ses amis Arnold Schoenberg, Ernst Křenek et Luigi Dallapiccola. Son catalogue compte neuf symphonies, de la musique de chambre, des pièces pour piano et trois opéras, notamment *Montezuma*, créé à Berlin en 1964.

Le plus français des compositeurs américains de cette génération est sans conteste Virgil Thomson (1896-1989). À Harvard, son professeur Edward Burlingame Hill (1872-1960), qui avait lui-même reçu en France l'enseignement de Charles-Marie Widor, l'initia à la musique française. Thomson passa une première année à Paris, étudiant avec Nadia Boulanger, fréquentant Erik Satie, le groupe des Six et les dadaïstes, entre Montparnasse et Le Bœuf sur le toit. Il revint en France en 1925 et s'y installa, pour y vivre l'essentiel de son temps jusqu'en 1940. Dans l'atmosphère festive et antiacadémique des cercles dont il était proche, Thomson trouva le ferment de sa personnalité artistique. Son œuvre éclectique est marquée par les facéties et le langage diatonique de Satie, ainsi que par le néoclassicisme de l'époque. Sa *Sonata da chiesa* pour alto et quatuor à vents est la dernière des partitions qu'il soumit à Nadia Boulanger ; elle est formée d'un « Chorale », d'un « Tango » et d'une « Fugue », ce qui témoigne assez de son esprit caustique. Le bref *Stabat Mater* pour soprano et quatuor à cordes est fondé quant à lui sur un texte de Max Jacob. On signale aussi les « portraits » de Thomson, cent cinquante partitions allant de la miniature solo au concerto, consacrées à des amis ou des connaissances, par exemple Gertrude Stein, Henri Sauguet, Pablo Picasso ou Aaron Copland.

Deux des trois opéras du compositeur, *Four Saints in Three Acts* et *The Mother Of Us All*, de 1934 et 1947, s'appuient sur des textes de l'Américaine Gertrude Stein, elle aussi française d'adoption et proche de nombreux artistes. Créé dans le Connecticut et immédiatement repris à Broadway, *Four Saints in Three Acts* donna lieu à de nombreux débats. En première ligne se trouvait Roger Sessions, qui critiqua la simplicité de son style musical, d'ailleurs caractéristique de Thomson. Celui-ci fut par ailleurs un influent critique. Dans les colonnes du *Herald Tribune*, il se consacra à la musique contemporaine entre 1940 à 1954, avec un goût et un talent certains pour la polémique.

LA RENCONTRE DE LA MUSIQUE SAVANTE ET DU JAZZ

Alors que les compositeurs de la *Second New England School* étaient principalement marqués par la musique germanique, ceux nés dans la dernière décennie du XIXe siècle, tenants du « Nouvel américanisme » déjà évoqué, vont s'imprégner des récents courants de la musique française : symbolisme et impressionnisme (dont le *Prélude à l'Après-midi d'un faune* de Debussy et les *Jeux d'eau* de Ravel sont représentatifs), puis néoclassicisme (tel que pratiqué par Stravinsky dans *Pulcinella*) ainsi que l'on vient de le voir avec Virgil Thomson. Dès lors, ce que Carpenter et Converse avaient annoncé se confirme : à partir de 1910 environ, la musique américaine savante trouve une diversité stylistique qu'elle n'avait pas jusqu'alors. Ses textures orchestrales s'allègent, son harmonie se teinte de couleurs plus sensuelles ou plus crues. Elle échappe à la rigidité à laquelle la conduisait souvent son esprit de sérieux et son académisme, d'autant que l'atmosphère est à l'insouciance, du moins jusqu'à la Grande Dépression de 1929.

Dans la même période, et ce n'est pas sans lien avec ce qui vient d'être dit, le jazz s'impose comme un style proprement national. Dans le sillage de l'utilisation du folklore afro-américain par Dvořák, George Chadwick, Henry F. Gilbert ou Arthur Farwell, certains compositeurs tentent la rencontre de leur style savant et des sonorités du jazz pour frayer la voie d'une musique américaine – il y a déjà été fait allusion à propos d'Ives, Carpenter ou Piston. Citons, dans les seules années 1920, la *Jazzsuite* pour orchestre, les *Jazzettes* pour violon et piano et les *Jazz Epigrams* pour piano de Louis Gruenberg (1884-1964), pendant un temps disciple de Busoni à Berlin, le ballet *Within the Quota* de Cole Porter (1891-1964), les opéras *A Light from St Agnes* ou *Deep River* de W. Franke Harling (1887-1958), les *Jazz Sonata* et *A Jazz Symphony* de George Antheil, les *Jazz Studies* et le *Concertino pour piano* d'Edward Burlingame Hill, et même la première *Suite* pour orchestre de Walter Piston, dans laquelle la caisse claire est jouée aux balais. Apparaît aussi le « Symphonic Jazz », destiné avant tout aux salles de concerts, qui marie le jazz à une écriture orchestrale brillante. Le meilleur exemple en est l'*Afro-American Symphony* de William Grant Still (1895-1978). La partition déploie un blues luxueux, mais laisse à l'écart le negro spiritual, car il « témoigne de l'influence de la musique caucasienne », dit le compositeur. Il s'agit en tout cas de la première œuvre d'un musicien noir jouée par un orchestre « blanc », l'Eastman Rochester Orchestra, à la tête duquel se trouve le prosélyte Howard Hanson. Élève de Chadwick et plus étonnamment de Varèse, Still est l'auteur de nombreuses œuvres pour orchestre, dont cinq symphonies, et de musique vocale, notamment le cycle *Songs of Separation*. Il travaille aussi comme arrangeur, pour Hollywood à la fin des années 1930 ou pour les chefs de jazz Artie Shaw et Paul Whiteman (1890-1967).

Ce dernier constitue une figure centrale du jazz symphonique. Entre les années 1920 et le milieu du siècle, l'orchestre de Whiteman enregistre des centaines de disques, largement diffusés sur les ondes radiophoniques. La formation se concentre sur un jazz commercial de danse et de variétés, mais elle interprète aussi des œuvres de commande plus ambitieuses. C'est pour elle que George Antheil (1900-1959) compose sa *Jazz Symphony* et Leo Sowerby (1895-1968) son poème symphonique *Prairie*, d'après un poème de Carl Sandburg – une musique sans rapport avec le jazz, celle-ci, ombrageuse et presque debussyste. En 1932, Whiteman dirige le *Concerto in Three Rhythms* de Dana Suesse (1909-1987), puis ses *Eight Waltzes* pour piano et orchestre – plus tard surnommée « The Girl Gershwin », cette élève d'Alexander Siloti et de Rubin Goldmark poursuivra dans la voie du jazz symphonique jusque dans les années 1950, tout en composant chansons et pièces pour piano. Dans les années 1940, Duke Ellington donnera à Whiteman son *Blue Belles of Harlem* et Stravinsky son *Scherzo à la russe*. Le son de l'orchestre de Whiteman fut largement défini par Ferde Grofé (1892-1972), qui réalisa pour lui de nombreux arrangements. Il lui destina aussi quelques partitions : *Mississippi*, *Metropolis* et surtout *Grand Canyon Suite*, fresque décrivant les paysages grandioses de l'Ouest américain. Souvent dédaignée du fait de son emphase un peu facile, l'œuvre connaît un tel succès que Toscanini l'enregistrera avec le NBC Symphony Orchestra et que Walt Disney la mettra en images.

GEORGE GERSWHIN OU L'INCROYABLE DESTIN D'UN « SONG PLUGGER »

Le principal titre de gloire de Whiteman est cependant d'avoir commandé à George Gershwin (1898-1937) sa *Rhapsody in Blue* — que Grofé arrangea dans ses deux versions, pour jazzband puis pour orchestre symphonique. La partition est créée en février 1924 à New York, lors d'un concert qualifié d'« Expérience de musique moderne », puis donnée à travers les États-Unis lors de la première grande tournée de l'orchestre de Whiteman. Avec cette œuvre et celles qui suivront, Gershwin devient le meilleur représentant du jazz symphonique et l'un des compositeurs les plus typiquement américains. Né de parents russes juifs émigrés à New York dans les années 1890, élevé dans le quartier de Brooklyn au son du blues et du ragtime, Gershwin exerce d'abord les métiers de « song plugger », qui consiste à « matraquer » au piano les chansons reçues par les éditeurs de musique, puis d'accompagnateur. Il compose et perfectionne son métier en étudiant la tradition occidentale savante, l'harmonie, le contrepoint et l'orchestration avec le Hongrois Edward Kilenyi (1884-1968).

Son premier succès, en 1919, est la chanson « Swanee », dérivée en partie de l'air « Old Folks at Home » de Stephen Foster. Gershwin devient l'un des compositeurs les plus en vogue de Broadway, dans la lignée de Jerome Kern. Entre 1924 et 1933, il compose les comédies musicales *Lady be Good!* (avec Fred et Adele Astaire), *Oh, Kay!*, *Funny Face*, *Strike up the Band*, *Girl Crazy* (avec Ginger Rogers), *Of thee I Sing*. Leurs chansons, dont les paroles sont signées par Ira, le frère de George, s'adaptent aux normes commerciales tout en montrant une invention mélodique et une intuition harmonique hors du commun. Elles ont pour titre « Fascinating Rhythm », « The Man I Love », « Someone to Watch Over Me », « But Not for Me », « Embraceable You », « I Got Rhythm », « Strike Up the Band », « Of Thee I Sing » ou « Love is Sweeping the Country », pour ne citer que celles-ci : autant d'airs appelés à devenir des standards de jazz, présents aujourd'hui encore dans tous les esprits.

Gershwin veut toutefois gagner la reconnaissance des milieux de la musique savante, convaincu que le jazz peut constituer la sève de partitions de durable valeur. *Rhapsody in Blue* sera le premier cas d'une œuvre unanimement reconnue à l'étranger pour son style américain. La célébrité mondiale et la fortune qu'elle lui apporte, alors qu'il n'a pas trente ans, ne dissuadent pas Gershwin de perfectionner son savoir-faire auprès de Rubin Goldmark ou d'Henry Cowell. Le jeune musicien continue de tracer la voie du jazz symphonique avec son *Concerto pour piano* en Fa, commandé et créé par Walter Damrosch à la tête de son New York Symphonic Orchestra fin 1925. L'œuvre conjugue le jazz à l'harmonie de Ravel (qui saluera la partition), emprunte sa virtuosité à Liszt et son lyrisme à Rachmaninov, dans une conception traditionnelle, le dernier mouvement métamorphosant les thèmes des premiers selon une technique cyclique.

Trois ans plus tard et avec les mêmes interprètes, le poème symphonique *An American in Paris* dépeint les impressions d'un Américain visitant la capitale française. L'œuvre s'ouvre sur des klaxons de taxis, dont Gershwin a rapporté quelques originaux parisiens pour la création de sa partition. Dans la partie lente s'élèvent un thème nostalgique puis un blues à la trompette bouchée : l'Américain rêve d'Amérique, et succombe un instant au « mal du pays », nous dit

Gershwin dans l'argument. Le compositeur s'inspire ici de son propre voyage à Paris, en mars 1928, lors duquel il a rencontré Darius Milhaud, Maurice Ravel et Nadia Boulanger. Lorsqu'il a prié cette dernière de pouvoir suivre son enseignement, elle lui a répondu craindre d'encombrer son inspiration d'un apprentissage technique dont il pouvait désormais se passer. Peu auparavant, Maurice Ravel, en tournée aux États-Unis, avait souhaité rencontrer Gershwin. Celui-ci lui réclamant quelques leçons, Ravel l'aurait interrogé sur le montant de ses droits d'auteur. Après la réponse de Gershwin, le Français se serait écrié : « C'est vous plutôt qui devriez me donner des leçons ! », ajoutant plus sérieusement : « Vous risqueriez de perdre votre spontanéité mélodique et d'écrire du mauvais Ravel. » Il s'était alors empressé d'écrire à Nadia Boulanger : « Voici un musicien doué des qualités les plus brillantes, les plus séduisantes, les plus profondes peut-être : George Gershwin. Son succès universel ne lui suffit plus : il vise plus haut. Il sait que pour cela les moyens lui manquent. En les lui apprenant, on peut l'écraser. Aurez-vous le courage, que je n'ose pas avoir, de prendre cette terrible responsabilité ? »

Lors de cette tournée européenne, Gershwin est partout reçu comme une célébrité. Il rencontre Serge Prokofiev, William Walton ou Alban Berg, qu'il admire. Il écrira par la suite une *Second Rhapsody*, l'*Ouverture cubaine*, les *Variations sur « I Got Rhythm »* pour piano et orchestre, et surtout *Porgy and Bess*. Créé en 1935 à Boston, cet opéra plus proche du drame lyrique vériste que d'un *musical* de Broadway, mêle blues, negro spiritual, jazz et polytonalité, avec une efficacité qui le fait accéder au succès international. Deux ans après, Gershwin meurt prématurément d'une tumeur au cerveau. Ses chansons et ses partitions symphoniques, même si elles demeurent essentiellement liées au monde du jazz – et peut-être pour cette raison –, en ont fait l'un des classiques parmi les compositeurs de son pays. Avec une exagération qui en dit long, Toscanini considérera Gershwin comme « le seul véritable compositeur américain ». Son héritage sera poursuivi par Leonard Bernstein en particulier, et d'une tout autre manière par la plupart des musiciens de jazz.

BROADWAY, CŒUR DU DIVERTISSEMENT AMÉRICAIN

Les spectacles de divertissements prisés par les Américains au cours du XIXe siècle sont principalement le *minstrel*, déjà évoqué, le vaudeville (mélange de théâtre, de chanson et de danse, que l'on nommera bientôt music-hall) et le burlesque (revue de danseuses dénudées proche du *minstrel*). New York devient le plus important centre de production de spectacles de divertissement, en particulier le quartier de Broadway, dans l'arrondissement de Manhattan, où se concentrent les théâtres. C'est ici, entre le nord de Times Square et la 34ᵉ Rue, que va naître la comédie musicale, ou *musical comedy*, plus simplement appelée *musical*. Ce spectacle enlevé, qui conjugue musique, dialogues parlés, danse, cirque parfois, va devenir l'un des genres les plus américains – certains estiment même qu'il constituerait le seul genre authentiquement américain.

The Black Crook, monté en 1866, passe pour avoir été le premier *musical* de l'histoire. Conçu sur un livret de Charles M. Barras, cet ouvrage formé d'adaptations de chansons était plus proche en réalité de l'opéra-comique ou de l'opérette que du *musical* au sens où nous l'entendons. Mais déjà, il mettait en scène une intrigue suivie, comme l'opéra, plutôt qu'une succession de *sketches*, comme le *minstrel* ou le vaudeville. Conçus sur le même principe, il faut mentionner *The Little Tycoon* de Willard Spenser (1852-1933), donné à Philadelphie d'abord, en 1886, et les ouvrages de Woolson Morse (1858-1897), tels *The Merry Monarch* en 1890 et *Wang* l'année suivante. À la même époque se distingue Reginald De Koven (1859-1920), ancien élève de Léo Delibes à Paris, avec son *Robin Hood*, donné en 1890, à Chicago d'abord. Une nouvelle étape est franchie quatre ans plus tard avec *A Gaiety Girl* de Sidney Jones (1861-1946), en provenance de

Londres ; les tenues courtes des chanteuses ne sont pas étrangères au succès du spectacle, le premier semble-t-il à se voir qualifié de *musical comedy*, la critique notant sa diversité de ton, entre drame sentimental, comédie, opéra-comique et chanson. Dans les dernières années du siècle est donné *Clorindy, the Origin of the Cakewalk* de Will Marion Cook (1869-1944), avec des artistes noirs uniquement – Blancs et Noirs s'associeront souvent sur les scènes de Broadway.

Par les attributs sociaux de leurs personnages, les œuvres de George M. Cohan (1878-1942) semblent annoncer le *musical* moderne, notamment *Little Johnny Jones* en 1904, dans lequel l'auteur tient lui-même un rôle. Mais ce que proposent les compositeurs s'apparente encore essentiellement à l'opéra-comique ou à l'opérette. De 1894 à son décès, Victor Herbert (1859-1924) remporte un succès considérable avec sa quarantaine d'ouvrages, par exemple *The Serenade, Cyrano de Bergerac* ou *The Only Girl*. Dans les premières années du XXᵉ siècle, Broadway est marqué par *The Prince of Pilsen* de l'Allemand Gustav Luders (1866-1913). À la même époque Gustave Kerker (1857-1923) compose *The Belle of New York*. Harry Tierney (1890-1965) reste connu pour *Irene*, en 1919 (la chanson « Alice Blue Gown » en est issue) et *Kid Boots* peu après. Les années 1910 voient aussi triompher le Tchèque Rudolf Friml (1879-1972), un élève de Dvořák, avec *The Firefly*, *Tumble In*, puis *Rose Marie* en 1924 (qui contient la chanson « Indian Love Call »). Dans les années 1920, le Hongrois Sigmund Romberg (1887-1951), compositeur attitré du Winter Garden Theatre, donne *The Student Prince* et surtout *The New Moon*, encore assez proche de l'opérette viennoise, sur des paroles d'Oscar Hammerstein II (1895-1960), l'un des plus grands librettistes de son temps.

L'ÂGE D'OR DU *MUSICAL*

À côté des ouvrages qui viennent d'être cités, les années 1910-1929 représentent un âge d'or du *musical* tel que nous le concevons aujourd'hui – même si la prohibition fait retomber la fièvre à partir de 1919. Le *musical* est un spectacle de plus en plus élaboré, susceptible de plaire à un public de connaisseurs comme à un public populaire. Avec la 42ᵉ Rue pour épicentre, jusqu'à 160 000 spectateurs, bourgeois et petit-bourgeois, marins et voyous, *out-of-towners* (provinciaux), se pressent chaque soir dans une soixantaine de théâtres pouvant accueillir de mille à cinq mille spectateurs. Il n'est pas exagéré d'affirmer que des centaines d'œuvres sont écrites durant cette période, données généralement entre cent et deux cents fois, et jusqu'à plus de cinq cents lorsqu'elles triomphent. Ne l'oublions pas, les *musicals* sont des spectacles commerciaux, destinés à rapporter de l'argent aux théâtres. Les compositeurs sont mieux formés, et la qualité de leurs partitions s'en ressent – elles incorporent les rythmes et les harmonies du jazz naissant, sans relever de ce genre pour autant. Certains, comme Jerome Kern et Cole Porter, amassent de véritables fortunes et vivent en millionnaires. Les droits d'auteur qu'ils touchent ne proviennent pas seulement de Broadway. Les *musicals*, formés d'airs que les stars de la chanson enregistrent et que chacun rejoue chez soi, alimentent les marchés du disque et de l'édition. Ces morceaux séparés deviennent des succès internationaux, indépendamment des ouvrages dont ils proviennent. Ainsi, l'essentiel de ce que l'on appelle les « standards », repris en particulier par les jazzmen jusqu'aujourd'hui, trouve son origine dans les *musicals* donnés à Broadway entre 1920 et 1960 environ. Le cinéma s'en mêle aussi, la plupart des succès du genre connaissant tôt ou tard leur adaptation à l'écran avec les stars d'Hollywood (par exemple Audrey Hepburn, Gene Kelly, Ava Gardner, Christopher Plummer et Julie Andrews).

L'un des géants de Broadway est Jerome Kern (1885-1945). Entre 1904 et 1939, il compose une quarantaine d'ouvrages, dont *Very Good Eddie, Sally, The Cat and the Fiddle, Music in the Air* et *Very Warm for May* (qui inclut la chanson « All the Things You Are »). Mais son plus grand succès, avec 572 représentations en 1927, est *Show Boat*, sur un livret d'Oscar Hammerstein II, l'un de ses principaux collaborateurs. Vincent Youmans (1898-1946) rencontre le succès en 1923 avec *No, No, Nanette* (d'où proviennent « Tea for Two » et « I Want to Be Happy »), et un peu plus tard avec *Great Day !* C'est aussi l'époque des *musicals* de George Gershwin, fleurons du genre, mentionnés précédemment. Autre musicien essentiel de Broadway, Cole Porter, qui compose une vingtaine d'ouvrages entre 1929 et 1948 ; parmi ses succès, citons *Wake Up, Gay Divorce* (avec la chanson « *Night and Day* »), *Anything Goes* (dont la chanson homonyme) et *Jubilee* (où figure « Begin the Beguine »). Outre ses musiques de film, Irving Berlin (1888-1989) reste connu pour *Annie Get your Gun* en 1946 et *Call me Madam* peu après. Arthur Schwartz (1900-1984) écrit *Band Wagon* en 1931 et *By the Beautiful Sea* en 1954. Établi aux États-Unis en 1935 pour fuir le nazisme, Kurt Weill (1900-1950) adapte son style de composition à Broadway et connaît un beau succès au début des années 1940 avec *Lady in the Dark* et *One Touch of Venus* – ses opéras sont proches du *musical* également.

Avec Kern, Gershwin et Porter, Richard Rodgers (1902-1979) est l'un des musiciens phares de Broadway. Il travaille d'abord avec le librettiste Lorentz Hart (1895-1943), qu'il a rencontré adolescent. Entre 1920 et le décès de ce dernier, le tandem livrera pas moins d'une trentaine d'ouvrages. Parmi ceux-ci, *A Connecticut Yankee*, leur premier succès (d'après Mark Twain), *On Your Toes*, *Babes in Arms* (où figure la chanson « My Funny Valentine ») et *By Jupiter*. Rodgers collabore ensuite avec Oscar Hammerstein II. Ils triomphent dès 1943 avec *Oklahoma* (qui inclut « Oh What a Beautiful Mornin' »). Suivent *Carousel, The King and I, South Pacific*, et *The Sound of Music*, immense succès en 1959, et repris au cinéma six ans après. Quant à Harold Arlen (1905-1986), important compositeur lui aussi, il écrit huit *musicals* entre 1931 et 1959, dont *You Said It* et *Life Begins at 8 : 40* – outre ces ouvrages, Arlen est connu pour avoir composé en 1939 la partition du film *The Wizard of Oz*, dans lequel se trouve la chanson « Over the Rainbow ».

Les théâtres de Broadway sont un peu moins rentables à partir des années 1950 et 1960. Au sortir de la crise de 1929, le *musical* avait été mis à mal, déjà, par le cinéma ; ce sont maintenant le rock'n'roll et ses déclinaisons qui lui font concurrence dans l'industrie du divertissement. Les grands succès n'en restent pas moins quatre ou cinq ans à l'affiche. Frank Loesser (1910-1969) présente *Guys and Dolls* en 1950, quelques années après Meredith Willson (1902-1984) écrit *The Music Man* (avec la chanson « Seventy-Six Trombones »). En 1956, Frederick Loewe (1901-1988), un élève d'Eugen d'Albert et de Busoni, donne *My Fair Lady*, bientôt un classique que reprendra Hollywood en 1964 (les chansons « Wouldn't It Be Loverly » et « On the Street Where You Live » y figurent).

Entre 1944 et 1976, Leonard Bernstein livre cinq *musicals*, parmi lesquels *West Side Story*, l'un des plus grands chefs-d'œuvre du genre – nous y reviendrons – qui devient un *musical film* en 1961. L'une des dernières grandes figures de Broadway est Stephen Sondheim. Entre 1954 et 2003, il compose et écrit les paroles de treize *musicals* parmi les meilleurs de son époque. Élève de Milton Babbitt et d'Hammerstein II, Sondheim s'est d'abord illustré comme parolier, en particulier de *West Side Story*. Sa musique, marquée par Ravel, Britten ou Stravinsky, atteint un niveau d'élaboration inaccoutumé à Broadway. Après son premier succès *Company*, ses chefs-d'œuvre sont *A Little Night Music* en 1973 et le sombre *Sweeney Todd* en 1979. Citons enfin *Sunday in the Park with George*, de 1984, et son dernier ouvrage *Road Show*.

AARON COPLAND, PÈRE DE LA MUSIQUE
MODERNE AMÉRICAINE

Si Gershwin fut un jazzman qui voulut adopter une écriture savante, Aaron Copland (1900-1990) fut un musicien savant qui se servit du jazz. Davantage que pour s'émanciper des normes polies de la musique classique : pour nourrir son langage en profondeur. C'est ainsi qu'il devint le père de la musique américaine du XXe siècle – si l'on considère qu'Ives en fut le grand-père –, ce que même Virgil Thomson, pourtant de quatre ans son aîné, affirmera. Issu comme Gershwin d'une famille juive émigrée de Russie et établie à New York, Copland est l'élève de Rubin Goldmark, puis à Paris de Ricardo Viñes et de Nadia Boulanger. De retour aux États-Unis en 1924, il est convaincu que la musique américaine doit se faire l'écho des nouvelles tendances, en particulier du jazz, capable de lui offrir un accent authentique – c'est pourquoi, au sein d'un passé musical national qu'il juge terne, Copland sauve George Chadwick, John Alden Carpenter et Louis Gruenberg. Marquées par le jazz et le néoclassicisme stravinskien qu'il a découvert à Paris, la *Music for the Theatre* et le *Concerto pour piano* sont deux partitions décisives, brillantes et citadines, qui concilient sonorités crues et sensuelles, cirque et élégie, blues et diatonisme.

Copland adopte un langage un peu plus âpre entre 1929 et 1935, époque de ses *Variations pour piano*, de sa *Short Symphony* et de ses *Statements*. Mais la Grande Dépression le conduit à s'engager à gauche et sur le plan artistique à s'inscrire dans le courant du réalisme social – c'est l'époque du *New Deal* de

Franklin D. Roosevelt, qui vise à soutenir les couches de la population les plus en difficulté. Fuyant tout élitisme et refusant l'isolement de l'artiste dans la société, Copland en vient à privilégier un langage intelligible au plus grand nombre. Dans les musiques de films et de ballets qu'il compose alors, il exalte l'« Americana », autrement dit la ruralité et les mythes fondateurs de la culture des États-Unis, pionniers, étendues vierges à conquérir, hors-la-loi cruels et folklore du Wild West. Les principaux exemples sont *Billy the Kid*, *Rodeo* et *Appalachian Spring*, entre 1938 et 1942. Mélodies folkloriques et chansons de cow-boys y côtoient motifs jazzy ou stravinskiens, dans un style que l'on qualifie parfois d'« open prairie » (titre de la première pièce de *Billy the Kid*) en référence aux espaces sauvages que suggèrent ses textures aérées et ses harmonies soigneusement étagées. Avec *El salón México*, le musicien explore à la même époque le folklore sud-américain.

Autour de 1940, Copland est devenu le plus éminent compositeur américain. Ce qu'entérine en 1943 sa *Fanfare for the Common Man*, commandée par le chef Eugene Goossens pour rendre hommage à l'entrée en guerre des États-Unis. Ces deux minutes de musique, dont le titre salue les héros anonymes, soldats en particulier, seront le plus grand succès de Copland et deviendront presque un second hymne national. Le thème de la *Fanfare* réapparaîtra dans la solennelle *3ᵉ Symphonie*, que Koussevitzky, créateur de pas moins de vingt-quatre partitions de Copland, considérera comme la plus grande américaine du genre. L'attachant *Concerto pour clarinette* retournera à une combinaison de néoclassicisme et de jazz – le jazzman Benny Goodman en sera le créateur. Mais Copland ne cessera d'explorer les modalités de l'américanisme musical, avec une curiosité stylistique que ses partitions les plus connues font parfois oublier. Dans la seule année 1950, il livre ainsi ses premiers *Old American Songs*, arrangements de chants traditionnels, les *Twelve Poems of Emily Dickinson*, sommet de sa production vocale dégagée de tout folklorisme, et le *Quatuor avec piano*, qui propose un usage tout personnel du dodécaphonisme.

Ajoutons à cela que Copland fut un animateur enthousiaste de la vie musicale de son pays. Entre 1928 et 1933, il organise des séries de concerts modernistes à New York puis dans la colonie d'artistes de Yaddo. C'est alors qu'il découvre avec stupéfaction l'œuvre de Charles Ives, qu'il dirige et programme. Depuis les positions institutionnelles qu'il occupe (par exemple en cofondant l'American Music Center en 1939 ou en dirigeant l'American Composers Alliance pendant la Seconde Guerre), Copland œuvre en faveur de ses compatriotes, qu'il s'agisse de ses aînés Carl Ruggles et Ives, ou de ses contemporains Roger Sessions, Walter

Piston et Virgil Thomson. Il n'hésite pas à défendre des esthétiques différentes de la sienne, convaincu que la musique américaine ne peut se définir qu'à travers sa pluralité stylistique. Copland apportera aussi son soutien à de plus jeunes musiciens comme William Schuman, Elliott Carter, Irving Fine, Lukas Foss ou Leonard Bernstein. Ce dernier le lui rendra bien, en interprétant et en enregistrant souvent ses œuvres ainsi qu'en lui commandant *Connotations* et *Inscape* lorsqu'il dirigera le New York Philharmonic. En Steve Reich et Philip Glass même, Copland retrouvera à la fin de son existence sa propre ambition d'un langage accessible, au sein duquel le savoir n'exclut pas le populaire. On peinerait en fait à trouver un compositeur parmi les successeurs de Copland à ne pas revendiquer une part au moins de son héritage – même à Broadway, à Hollywood, ou parmi les minimalistes. Probablement parce que sa production, à un moment crucial du développement de la musique américaine, représente un point d'équilibre entre ses différences tendances.

UN NOUVEAU LYRISME : DE ROY HARRIS
À WILLIAM SCHUMAN ET ROBERT WARD

Un retour au lyrisme s'affirme autour de la Seconde Guerre, sans s'accompagner du reste de prises de positions fracassantes. Parfois regroupés au sein de l'« école symphonique américaine », certains compositeurs renouent en effet avec l'esprit de la *Second New England School*, au détriment du néoclassicisme stravinskien et du jazz cultivés depuis les années vingt. La musique qui en résulte sonne indéniablement américaine, mais elle trace une voie bien différente de celle suivie par Copland jusqu'en 1940. Les représentants de ce courant ne craignent pas d'affirmer leur parenté avec la grande tradition symphonique européenne, celle qui débouche sur l'impressionnisme et le postromantisme. Sans volonté d'avant-gardisme, leur musique assume une expressivité généreuse, cultive des climats épiques, se déploie dans des formes amples et souvent traditionnelles quoique traitées sans académisme. Même si Howard Hanson, Samuel Barber et William Schuman sont, chacun à sa manière, représentatifs de ce nouveau lyrisme, celui-ci est moins le fait d'une école clairement définie qu'une tendance transversale, partagée par de nombreux musiciens dans le deuxième tiers du siècle. On peut également l'observer par exemple dans les symphonies que Walter Piston compose dans les années 1940 ou dans certaines partitions de Copland à la même époque.

Roy Harris (1898-1979) est l'un de ces « symphonistes ». Dans la vaste production de cet élève d'Arthur Farwell puis de Nadia Boulanger à Paris, on retient quelques partitions de musique de chambre et surtout ses seize symphonies. Certaines suivent un schéma classique, d'autres sont chorales, ou formées d'un seul mouvement, selon une conception organique caractéristique de ce symphonisme du milieu de siècle. C'est le cas de la *3ᵉ Symphonie* de 1938, au souffle indéniable, que d'aucuns ont pu considérer comme la quintessence de la symphonie américaine. Achevée en 1940 et intitulée *Folksong Symphony*, la quatrième, avec chœur, est formée de sept mouvements d'une belle force d'évocation, qui reposent sur des chansons de cowboys, des marches et des negro spirituals. Si Harris a joui d'un vrai succès jusqu'à la fin de sa vie, son œuvre est par la suite apparue inégale, manquant de relief et quelque peu naïve dans sa célébration de l'Amérique yankee.

Le plus emblématique du courant du nouveau lyrisme est certainement Howard Hanson (1896-1981). Premier compositeur à remporter le Rome Prize (ou « Prix de Rome américain »), Hanson séjourne trois ans en Italie, où il étudie l'orchestration avec Ottorino Respighi – sa musique opulente portera la marque de cette influence. À son retour aux États-Unis en 1924, il est nommé directeur de l'Eastman School of Music de Rochester, poste qu'il occupera quatre décennies, portant l'institution à un haut degré d'excellence. Hanson sera couvert d'honneurs durant sa triple carrière de compositeur, chef d'orchestre et homme d'institutions. Sa production est principalement formée de sept symphonies, de poèmes symphoniques, de l'opéra *Merry Mount*, d'un concerto pour piano et d'un autre pour orgue. Elle pourrait être vue comme un équivalent américain, plus tardif certes, de celle de Sibelius – les compositeurs du nord de l'Europe semblent avoir marqué ce musicien d'ascendance suédoise –, mâtinée d'un lyrisme à la Rachmaninov. Clairement conservatrice dans sa mise en œuvre technique, la musique d'Hanson est de construction volontiers cyclique et se déploie à grande échelle, au moyen de pédales et d'ostinatos fréquents.

Commandée par Koussevitzky, sa *2ᵉ Symphonie* de 1933 est sa plus fameuse partition. Son sous-titre, « Romantique », vaut profession de foi. Par son atmosphère envoûtante, ses retours thématiques saisissants et ses puissants climax, elle compte certainement parmi les plus belles symphonies américaines. À l'époque de son écriture déjà, Hanson ne cachait pas son hostilité aux courants les plus modernes de son temps (le néoclassicisme de Stravinsky comme le dodécaphonisme de Schoenberg) : « Cette symphonie est une manière pour moi de fuir le genre assez amer de réalisme musical moderne qui occupe une large place dans la pensée d'aujourd'hui. La musique contemporaine me semble avoir bien souvent tendance à devenir trop cérébrale. Je ne crois pas que la musique soit d'abord une question d'intellect, mais plutôt une manifestation émotionnelle. J'ai ainsi cherché dans cette symphonie à créer une œuvre d'esprit jeune, de tempérament lyrique et romantique et d'expression simple et directe. » Un propos quelque peu réactionnaire qui pourrait s'appliquer à toute l'œuvre du compositeur. En outre, Hanson fut comme chef un infatigable défenseur de la musique américaine. Avec son Eastman Rochester Orchestra, il réalisa de nombreux enregistrements, de sa propre musique mais aussi d'œuvres de MacDowell, Chadwick, Ives, Griffes, Carpenter, Piston, Samuel Barber, Randall Thompson, Douglas Moore ou William Schuman.

Ce dernier peut être également considéré comme un symphoniste. Marqué par son professeur Roy Harris, même si le ton sérieux de son œuvre le rapproche plutôt de Roger Sessions, William Schuman (1910-1992) occupa des fonctions institutionnelles, dirigeant par exemple la Fondation Koussevitzky, la Juilliard School ou le Lincoln Center. À son catalogue figure de la musique de chambre et vocale, mais l'on retient surtout ses dix symphonies. Puissant et sombre, le langage de Schuman peut faire allusion au jazz (*4ᵉ* et *5ᵉ Symphonies*), user de la polytonalité (*Concerto pour violon*) voire du dodécaphonisme. *The Mighty Casey*, conçu pour Broadway en 1953, montre que le compositeur peut parfois adopter un style léger. Sa *6ᵉ Symphonie* de 1950, d'une seule coulée, est considérée comme sa plus importante partition. Mais son œuvre la plus connue est le *New England Triptych*, fondé sur des chansons de William Billings, le fameux *Tune book compiler* du XVIIIᵉ siècle. Schuman revendiqua aussi son américanisme dans son *American Festival Overture*, son *George Washington Bridge* pour orchestre d'harmonie, et plus tard dans sa *10ᵉ Symphonie*, « American Muse », composée pour le bicentenaire des États-Unis et dédiée « aux artistes créateurs du pays, passés, présents et futurs ». Dans les années 1960, le musicien explore un langage plus dissonant (ses *7ᵉ* et *9ᵉ Symphonies* font usage du dodécaphonisme), avant de retourner à une tonalité presque apaisée dans ses deux dernières décennies.

Bien d'autres compositeurs pourraient être rangés dans la catégorie du nouveau lyrisme, que ce soit pour leur goût des formes traditionnelles, même s'il n'est pas exclusif, pour leur langage conservateur ou leur pratique d'un symphonisme généreux. On peut évoquer l'autodidacte Paul Creston (1906-1985), auteur de six symphonies et de nombreux concertos dont certains étonnants, pour marimba, deux pianos, accordéon, ou saxophone alto. Creston utilise un langage plus impressionniste que romantique, avec une conception très particulière du rythme, qu'il théorisera. Sa *1re Symphonie* l'a signalé à l'attention du monde musical, mais il s'impose avec sa *2e* de 1945, considérée comme sa production la plus notable. Cinq ans après est créée la *3e Symphonie* de Robert Ward (1917-2013), un élève de Hanson ; il est certain que cette partition compte au rang des meilleures symphonies de l'époque, même si l'apport de Ward reste encore globalement à évaluer.

LYRISME TOUJOURS : SAMUEL BARBER
ET GIAN CARLO MENOTTI

Le plus important de ces compositeurs est sans aucun doute Samuel Barber (1910-1971). Reconnu internationalement de son vivant, il est aujourd'hui l'un des Américains les plus joués, l'essentiel de sa production étant passée au répertoire. Quelque forme que prenne son écriture, Barber est avant tout un grand lyrique, doté d'un métier sans faille, d'un sens mélodique ardent et d'une remarquable profondeur d'inspiration. Son œuvre semble d'abord se présenter sous le visage d'un charme tendre, mais sait vite révéler des sentiments tragiques ou d'une certaine violence. Formé au Curtis Institute of Music de Philadelphie, Barber est lauréat du Rome Prize en 1937. Déjà connu pour son ouverture *The School for Scandal* ou sa *Symphony in One Movement*, il acquiert une célébrité internationale lorsque Arturo Toscanini dirige l'année suivante son *Adagio pour cordes*, adaptation du mouvement lent de son *Quatuor à cordes*. Ce morceau d'un pathétique imparable deviendra l'une des pièces de musique savante du XXᵉ siècle les plus connues à travers le monde, reprise par le cinéma ou la télévision et jouée lors d'événements officiels – parfois dans la transcription chorale qu'en livre le compositeur en 1967 sous le titre d'*Agnus Dei*.

À partir du *Concerto pour violon* de 1939, l'une des partitions les plus élégiaques de Barber, sa palette va s'enrichir, sans perdre cependant ses nuances initiales. Cela s'entend autour de 1945 dans la *2ᵈᵉ Symphonie*, le *Concerto pour violoncelle* et la musique pour le ballet *Medea*, plus dissonants. À la même époque, les *Excursions* pour piano sont l'une des rares partitions de Barber à faire usage d'idiomes populaires – boogie woogie, blues, chanson de cow-boy et danse paysanne. *Knoxville, Summer of 1915*, sur un texte de James Agee, est l'évocation onirique d'une fin de journée d'été dans le Tennessee, une berceuse tendre pour soprano et ensemble, qui incarne à merveille un type récurrent d'américanisme, pastoral et comme en quête d'un paradis perdu (en revanche, Barber refusera toujours de sacrifier à la modernité urbaine dont les *Skyscrapers* de John Alden Carpenter étaient le parangon).

La *Sonate pour piano* de 1949 est composée à l'intention de Vladimir Horowitz, installé aux États-Unis, grâce auquel elle entre aussitôt au répertoire – il faut noter qu'un grand nombre des partitions de Barber ont été commandées par des interprètes de renom. Le langage du musicien s'y fait âpre et expérimental, notamment à travers un usage personnel du dodécaphonisme, comme plus tard dans les *Prayers of Kierkegaard* et l'ardent *Nocturne* pour piano. La partition s'achève sur une fugue impressionnante, dont il est difficile de dire si elle relève d'une atonalité jazzy ou d'un jazz atonal. Déjà auteur de nombreuses mélodies, Barber voit son premier opéra, *Vanessa*, créé en 1958 au Metropolitan Opera. Composé sur un livret de Gian Carlo Menotti – compagnon de Barber – et conçu dans la tradition du drame lyrique, il est considéré d'emblée comme un ouvrage majeur de par sa puissance expressive. La consécration du compositeur a lieu peut-être lorsqu'on lui passe commande de trois partitions pour l'inauguration du Lincoln Center en 1962, notamment son *Concerto pour piano* et son second opéra *Antony and Cleopatra*, lui aussi donné au Metropolitan Opera.

Gian Carlo Menotti (1911-2007), dont il vient d'être question – un « lyrique » s'il en fut –, est certainement le plus important compositeur américain d'opéra de la seconde moitié du XXᵉ siècle. Né à Milan, il s'est établi aux États-Unis dans son adolescence, tout imprégné de la tradition de l'opéra italien. Sa musique mélodique et brillamment orchestrée emprunte à Puccini, Moussorgski, Stravinsky, Debussy, Prokofiev ou Strauss ; en d'autres termes, elle se distingue moins par sa personnalité que par son habileté de conception. Ce qui a fait de Menotti un grand compositeur d'opéra, à travers pas moins de vingt-cinq ouvrages, c'est avant tout son sens naturel du théâtre, sa compréhension intuitive des mécanismes de l'action – ce n'est pas pour rien s'il rédige ses livrets et met en scène ses opéras. L'écriture vocale de Menotti est particulièrement soignée, et la forme de ses œuvres concilie continuité et présence d'unités dramatiques : comme chez Puccini, airs et récitatifs se succèdent dans une trame continue.

Le premier ouvrage de Menotti, l'opéra bouffe *Amelia Goes to the Ball*, recueille un tel triomphe au Curtis Institute of Music, en 1937, que le Metropolitan Opera de New York le monte l'année suivante. Déjà le compositeur acquiert une réputation internationale. *The Medium*, en 1947, va la confirmer. Qualifié de « tragic opera », il met en scène une diseuse de bonne aventure prise au jeu de ses propres subterfuges. Son succès est considérable à l'international et il bénéficie d'une adaptation cinématographique dès 1951. Certains voient dans *The Medium* l'étape la plus importante de l'opéra américain depuis le *Porgy and Bess* de Gershwin. Peu après, Menotti compose *The Telephone*, une comédie destinée à compléter *The Medium* lors d'une même soirée d'opéra. On perçoit bien, dans l'argument qu'il imagine et rédige, l'à-propos théâtral de l'artiste, et son goût des sujets contemporains : avant de partir en voyage, un jeune homme rend visite à sa fiancée. Il cherche à lui parler, en vain, car elle ne cesse de répondre au téléphone. Son train va partir : il doit quitter les lieux. Dans la rue, le jeune homme trouve cependant un téléphone public et appelle sa fiancée. Il peut enfin lui faire sa demande en mariage ; un duo d'amour téléphonique referme l'opéra. Menotti donne peut-être son chef-d'œuvre avec *The Consul*, en 1950, son premier opéra en trois actes. Une famille tente d'obtenir un visa pour fuir une dictature. Sur ce sujet violent, le compositeur écrit sa musique la plus dissonante et témoigne une nouvelle fois de son puissant sens dramatique. Citons également *Amahl and the Night Visitors*, le premier opéra composé pour la télévision américaine, en 1951, *The Saint of Bleecker Street*, donné à Broadway sans grand succès, et *Goya*, d'après la vie du peintre espagnol, composé pour le ténor Placido Domingo en 1986.

Ainsi se définissait lui-même Menotti : « Un compositeur italien qui écrit de la musique américaine... ou l'inverse ! » Derrière la boutade, c'est la sempiternelle question de l'identité de la musique américaine qui est posée. À partir de quand l'opéra *composé aux États-Unis* est-il devenu un *opéra américain* ?

RETOUR SUR UN SIÈCLE ET DEMI D'OPÉRA

Les premiers opéras composés sur le territoire américain ne furent que de pâles copies du modèle italien – on pense à la *Leonora* de William Henry Fry de 1845, déjà évoquée, à son *Notre Dame of Paris* deux décennies plus tard ainsi qu'au *Rip Van Winkle* de George Frederick Bristow en 1855. Les ouvrages de Walter Damrosch (1862-1950), d'origine allemande, poursuivent la tradition germanique ; en 1896, *The Scarlet Letter* est ainsi plaisamment qualifié de « New England *Nibelung* Trilogy » par le chef Anton Seidl, en référence bien sûr au *Ring des Nibelungen* de Wagner. Entre 1900 et 1940, le Metropolitan Opera produit une quinzaine de nouveaux ouvrages. Parmi eux, *The Pipe of Desire* de Frederick Converse en 1910, *Mona* de Horatio Parker en 1912, *Cyrano de Bergerac* de Damrosch en 1913, *Cleopatra's Night* de Henry Hadley (1871-1937) en 1920, *The King's Henchman* et *Peter*

Ibbetson de Deems Taylor (1885-1966) en 1927 et 1931, *Emperor Jones* de Louis Gruenberg en 1933, *Merry Mount* de Howard Hanson en 1934 et *The Man Without a Country* de Damrosch en 1937.

L'ouvrage de Gruenberg, d'après une pièce d'Eugene O'Neill, est l'un des plus notables. Il met en scène l'exploitation d'esclaves noirs par un autre Noir auto-proclamé empereur. Dans la scène finale, un ballet de Noirs remplace le corps de ballet habituel. Requérant force percussions, la partition s'inspire du folklore afro-américain, le negro spiritual notamment, ce qui a fait considérer *Emperor Jones* comme le premier véritable opéra américain. C'est oublier, cependant, que l'Afro-américain Scott Joplin (1868-1917), compositeur surtout de ragtimes pour piano et de chansons, est l'auteur d'une *Treemonisha* datant de 1911. Cet opéra, dans lequel une femme noire de l'Arkansas milite pour l'égalité raciale, n'a cependant été créé qu'en 1972. Il n'en reste pas moins que, dans son intention de mettre en scène des personnages noirs, il précède *Porgy and Bess* de Gershwin et *Four Saints in Three Acts* de Virgil Thomson de plus de deux décennies. L'ouvrage de Thomson, uniquement chanté par des Noirs également, représente une tentative originale, autant pour sa musique d'une radicale simplicité que pour son livret en quelque sorte post-dadaïste signé Gertrude Stein. Représenté en 1934 à Hartford (Connecticut),

Four Saints in Three Acts sera repris, notamment à Broadway en 1952. Plus tard, au moment de leurs propres recherches opératiques, Philip Glass et Bob Wilson le considéreront comme un modèle. Il faut signaler aussi les huit ouvrages de l'Afro-américain William Grant Still, composés entre 1934 et 1943, mais représentés seulement à partir du milieu du siècle.

Le premier chef-d'œuvre de l'opéra américain est très certainement *Porgy and Bess* de George Gershwin. Donné en 1935 au Colonial Theatre de Boston, il est conçu d'après le roman de DuBose Heyward, qui en rédige lui-même le livret. L'œuvre évoque l'histoire d'amour, dans un ghetto de Caroline du Sud, entre Porgy le mendiant, et Bess, mariée à un voyou. Sa partition fait un usage constant du jazz et du blues, des negro spirituals et des cris de rue, mais elle est construite comme celle d'un drame lyrique du XIXe siècle. C'est sans doute pour cette raison que *Porgy and Bess* a joui d'une reconnaissance rapide en Europe, tandis que les États-Unis eux-mêmes n'y voyaient (au moins jusqu'au milieu du siècle) qu'un *musical* plus élaboré que les autres. Certains de ses airs évoquent il est vrai le style de Broadway, un bon nombre étant d'ailleurs devenus, à l'instar des chansons des *musicals* de Kern ou Gershwin, des « standards » (« Summertime », « It Ain't Necessarily So », « Gone, Gone, Gone », « My Man's Gone Now » ou « I Got

Plenty O'Nuttin' »). Deux ans après *Porgy and Bess*, Aaron Copland livre *The Second Hurricane*, composé pour les étudiants d'une école de musique – nombre d'opéras américains du XXe siècle, souvent assez brefs, seront composés pour la radio, la télévision, ou en vue d'être montés par de jeunes musiciens dans les universités. Douglas Moore (1893-1969), un élève de Nadia Boulanger et de d'Indy, est surtout connu pour *The Devil and Daniel Webster*. Avec dialogues parlés et mélodrame, cet opéra de 1939 évoque un homme d'État devenu l'un des héros de la Nouvelle Angleterre du XIXe siècle ; il sera souvent repris dans les décennies suivantes.

Citons encore *Blennerhassett* de Vittorio Giannini (1903-1966) en 1939, composé pour la radio, et dans les années 1940, *A Tree On the Plains* et *A Drumlin Legend* d'Ernest Bacon (1898-1990), *Evangeline* d'Otto Luening (1900-1996), *The Warrior* de Bernard Rogers (1893-1968), *The Jumping Frog of Calaveras County* de Lukas Foss (1922-2009) et *The Mother of Us All* de Virgil Thomson (l'histoire d'une suffragette du XIXe siècle, sur un livret de Gertrude Stein toujours). À la même époque, Marc Blitzstein (1905-1964), un élève de Nadia Boulanger et de Schoenberg, développe des thèmes sociaux dans la lignée du roman prolétarien né de la crise de 1929 – par exemple dans *The Cradle Will Rock*, *No For an Answer* et *Regina*.

En 1954, *The Tender Land* de Copland, inspiré par un ouvrage de James Agee et Walker Evans, nous plonge dans l'Alabama de la Grande dépression, et trace le destin d'une adolescente rebelle qui finira par fuir son milieu rural. Retrouvant l'Americana de ses ballets, le compositeur écrit une partition puissamment évocatrice, largement diatonique et incluant des chansons populaires. Établi aux États-Unis en 1935, Kurt Weill compose des *musicals*, et trois opéras dans les années 1940 : *Street Scenes*, significativement sous-titré « American opera », se présente comme une synthèse entre opéra traditionnel et *musical, Down In the Valley* est conçu pour une école de musique, et *Lost In the Stars*, « musical tragedy », traite des problèmes raciaux qui gangrènent l'Afrique du Sud. Ce n'est pas un hasard si le premier et le troisième de ces ouvrages sont créés à Broadway. À noter qu'en Europe, Kurt Weill s'était déjà inspiré du jazz dans son célèbre *Opéra de quat'sous* et dans son opéra *Grandeur et décadence de Mahagonny*, dont l'action se situe précisément en Alabama.

Parmi les douze opéras composés par Carlisle Floyd (né en 1926) entre 1949 et 2000, citons *Wuthering Heights* (*Les Hauts de Hurlevent*, d'après Emily Brontë), *Of Mice and Men* (*Des souris et des hommes*, d'après John Steinbeck), et surtout *Susannah*. Créé en 1955 à Tallahassee (Floride) et aussitôt repris par le New

York City Opera fondé peu auparavant, *Susannah* est après *Porgy and Bess* l'un des plus souvent représentés, sinon le plus représenté des ouvrages lyriques américains. Floyd, qui signe le livret, y transpose l'épisode biblique de « Susanne et les vieillards » dans un village du Tennessee, à l'époque même de la composition de l'œuvre. Il s'inscrit ce faisant dans le courant du réalisme social, issu de la crise de 1929, et traduit la ruralité à travers une partition vériste en réinventant ou en empruntant au folklore (hymnes, chansons et « square-dance » des Appalaches).

En 1953, *The Mighty Casey* de William Schuman, sur le thème du baseball, et très proche du *musical*, pose l'éternelle question de la frontière entre les genres dans le théâtre lyrique américain. Ce ne sera plus le cas de *A Question of Taste*, en 1987, d'après une nouvelle de Roald Dahl, d'une écriture plus élaborée. Créée en 1958 au Metropolitan Opera de New York, la *Vanessa* de Barber devient aussitôt le premier opéra américain représenté au Festival de Salzbourg. Toujours pour le Metropolitan, le compositeur donne *Antony and Cleopatra* en 1966, mais sa réception mitigée le conduit à réviser l'ouvrage avec Menotti, pour sa reprise en 1975. Quant aux deux opéras de Leonard Bernstein, *Trouble in Tahiti* en 1952 et *A Quiet Place* en 1983, ils ont été déjà évoqués – nous ne revenons pas ici non plus sur la production centrale de Menotti, détaillée voici quelques pages.

Dans le dernier quart du XXe siècle et au début du XXIe, les principaux représentants de l'école minimaliste, Philip Glass, John Adams et Steve Reich, apportent au théâtre lyrique des contributions majeures qui rencontrent un écho international – ce qui n'avait été que très rarement le cas de l'opéra américain jusqu'alors. Plusieurs de leurs ouvrages reposent sur une dramaturgie radicalement nouvelle, des livrets formés de matériaux hétérogènes et des dispositifs scéniques assimilant d'autres arts, le cinéma et la vidéo en particulier. Fréquemment, ils abordent des questions politiques à partir d'événements réels et récents, confrontent des figures du bien et du mal et traitent des peurs et des dilemmes moraux que peuvent générer les progrès de la science.

Le premier des quelque vingt opéras de Philip Glass (né en 1937), *Einstein on the Beach*, montre bien la direction dans laquelle le compositeur orientera son travail. Créé au Festival d'Avignon de 1976, repris peu après au Metropolitan Opera, l'ouvrage apporte une célébrité immédiate à Glass. Conçu avec le metteur en scène Bob Wilson, ce « théâtre de visions » offre différentes images de la vie d'Albert Einstein plutôt qu'une intrigue continue. Les chanteurs n'incarnent aucun personnage et le texte est constitué de fragments ou d'énumérations de chiffres et de notes de musique. D'une durée d'environ cinq heures, *Einstein on the Beach* laisse à son public la possibilité de quitter la salle ou d'y revenir à sa guise, signe d'une nouvelle conception de l'opéra. Avec les deux ouvrages qui suivent, il formera la trilogie dite « des portraits », qui s'attache à des personnages ayant changé le cours du monde avec leurs seules idées : *Satyagraha*, en 1980, s'appuie sur la vie de Gandhi (à travers l'évocation de Léon Tolstoï, Rabindranath Tagore et Martin Luther King), tandis qu'*Akhnaten*, en 1984, traite du pharaon Akhénaton, qui introduisit le monothéisme. Bien qu'elle soit chantée dans plusieurs langues, cette œuvre revient à une conception plus conventionnelle de l'opéra que les deux précédents volets.

Ce sont ensuite, parmi d'autres, *The CIVIL warS*, à l'origine conçu pour la cérémonie d'ouverture des Jeux Olympiques de Los Angeles de 1984 (où il n'est finalement pas représenté), *The Fall of the House of Usher*, d'après Edgar Allan Poe, et *The Voyage*, commande du Metropolitan Opera célébrant le cinq centième anniversaire de la découverte de l'Amérique par Christophe Colomb. Entre 1993 et 1996, l'œuvre cinématographique de Jean Cocteau inspire à Philip Glass un second triptyque d'opéras : *Orphée*, *La Belle et la Bête*, qui se substitue à la bande originale et aux dialogues du film tandis que celui-ci est projeté, et *Les Enfants terribles*, pour voix et trois pianos. Glass a depuis composé cinq opéras, dont *Waiting for the Barbarians*, d'après le roman de J. M. Coetzee, et, en 2007, *Appomattox*, commande du San Francisco Opera traitant de la guerre de Sécession.

Les cinq ouvrages de John Adams (né en 1947) résultent de collaborations avec le metteur en scène Peter Sellars. *Nixon in China*, en 1987, traite de la rencontre de Richard Nixon et de Mao Tsé-toung en Chine en 1972. Très souvent représenté, il est considéré comme l'un des plus importants opéras du XXᵉ siècle. Quatre ans plus tard, Adams donne *The Death of Klinghoffer* – avec la même librettiste, la poétesse Alice Goodman. L'œuvre évoque la prise en otages des passagers d'un navire de croisière, en 1985, par l'Organisation pour la libération de la Palestine, qui conduisit à l'exécution de l'américain juif Leon Klinghoffer. Son sujet a considérablement compliqué sa diffusion, en particulier aux États-Unis.

En 1995, John Adams se situe à mi-chemin de l'opéra et du *musical* avec *I Was Looking at the Ceiling and Then I Saw the Sky* (*Je regardais le plafond et soudain je vis le ciel*). Ce « songplay » met en scène sept personnages ayant vécu le tremblement de terre de Los Angeles en 1994. Il est formé de vingt-cinq morceaux proches de chansons, et interprété par des chanteurs pop que soutient un ensemble comprenant des synthétiseurs et des instruments habituellement utilisés dans le rock. Dix ans après, *Doctor Atomic* aborde l'invention de la bombe atomique par le scientifique Robert Oppenheimer, avec un livret formé de documents et de témoignages d'époque. *A Flowering Tree*, en 2006, est conçu d'après un conte indien pour l'Orchestre Simón Bolívar des jeunes du Venezuela.

Steve Reich, enfin, compose son premier opéra en 1993. *The Cave* tire son sujet de l'Ancien Testament ; aux questions : « Who is Abraham ? », « Who is Sarah ? », *etc.*, un Israélien, un Palestinien et un Américain répondent tour à tour. L'œuvre a davantage à voir avec le théâtre musical qu'avec le genre opératique et ses conventions ; elle s'apparente même à un documentaire, les musiciens du petit ensemble étant entourés de cinq écrans sur lesquels des vidéos, conçues par la compagne du compositeur, Beryl Korot, sont diffusées. Avec *Three Tales*, en 2002, Reich et Korot s'intéressent aux avancées de la science par l'intermédiaire de trois « contes » tout à fait réels : la mise en service du dirigeable Hindenburg en 1937, les essais nucléaires américains dans l'atoll de Bikini entre 1946 et 1958 et le premier clonage d'un mammifère (la brebis Dolly) en 1996.

Même si la programmation des théâtres lyriques américains est, jusqu'aujourd'hui, largement dominée par le grand répertoire européen (Verdi, Mozart, Puccini, Wagner), il faut avoir conscience que les nombreux opéras qui viennent d'être cités ne représentent qu'une petite part de tous ceux écrits aux États-Unis. On estime en effet à quatre cents le nombre d'ouvrages composés sur le territoire jusqu'en 1990 environ.

LES ÉCLECTIQUES :
DE RANDALL THOMPSON À NED ROREM

Catégoriser les compositeurs américains du XXe siècle n'a rien d'aisé, en particulier lorsque leur langage est tonal – et c'est le cas majoritaire. Est-ce d'ailleurs nécessaire ? En dépit de ses limites évidentes, une telle classification indique des tendances et permet de situer plus facilement les personnalités artistiques. Mais, s'il est indéniable qu'Arthur Farwell appartient aux « folkloristes », Howard Hanson aux « nouveaux lyriques » et Philip Glass aux « minimalistes », nombre de compositeurs ne se laissent pas commodément étiqueter. Faute de mieux, on les range alors sous la bannière de l'« éclectisme ». Car ce qui les distingue avant tout est la diversité de leur production, ou son isolement par rapport aux courants dominants, même s'il ne fait aucun doute que certaines de leurs partitions pourraient entrer isolément dans des catégories plus pertinentes. Les « éclectiques » généralement nommés sont Charles Tomlinson Griffes (1884-1920), élève d'Humperdinck marqué par l'école russe et surtout par l'impressionnisme français, Norman Dello Joio (1913-2008), aussi bien imprégné d'opéra italien et de jazz que de plain-chant, Robert Starer (1924-2001), dont l'œuvre se situe à la croisée de l'avant-garde viennoise, des gammes arabes et du jazz, Arthur Shepherd (1880-1958), Harrison Kerr (1897-1978), Herbert Elwell (1898-1974), Ernst Bacon (1898-1990), ou encore Roger Goeb (1914-1997).

Plus notable est Randall Thompson (1899-1984), lauréat d'un Rome Prize qui lui permet d'étudier en Italie avec Gian Francesco Malipiero, après avoir été l'élève de Burlingame Hill à Harvard et d'Ernest Bloch en privé. Entre tonalité et modalité, son langage est ancré dans une tradition qui peut remonter jusqu'à la renaissance. Sa musique pour chœur est l'une des plus souvent chantées aux États-Unis, notamment *Alleluia*, *Frostiana* ou *The Testament of Freedom*. Parmi ses trois symphonies, la deuxième de 1931 est la plus réputée. Paul Bowles (1910-1999) est plus iconoclaste. Disciple de Virgil Thomson et de Nadia Boulanger, son inspiration hésite entre dadaïsme, néoclassicisme, futurisme, jazz et folkorisme (il voyage en Afrique, en Inde et en Amérique du Sud). Son œuvre pleine d'esprit est mélodique et s'inscrit dans des pièces brèves, morceaux instrumentaux et mélodies surtout. Bowles est aussi l'auteur d'une zarzuela, *The Wind Remains*, chorégraphiée par Merce Cunningham, et de musique de scènes pour Orson Welles ou Tennessee Williams. Bien qu'il ait déclaré abandonner la musique en 1947 en s'installant à Tanger pour se consacrer à l'écriture littéraire, il composa encore, notamment l'opéra *Yerma* en 1955.

Inclassable lui aussi, Morton Gould (1913-1996) a écrit pour la radio, la télévision et le cinéma, mais Broadway ainsi que les chorégraphes Jerome Robbins et George Balanchine font également appel à lui. On retient quelques-unes de ses œuvres orchestrales, la plupart d'atmosphère noire et cinématographique : les ténébreux *Spirituals* pour orchestre, la musique de ballet *Fall River*, la *Foster Gallery*, arrangements rutilants de chansons du *minstrel* Stephen Foster, et les amusantes *Symphonettes*, piécettes jazzy destinées à la radio. Dans l'esprit de ces dernières, il faut signaler les miniatures réjouissantes et de style *easy listening* de Leroy Anderson (1908-1975). La plupart ont été composées dans les années 1940 et 1950 pour le Boston Pop Orchestra, formation dévolue à un répertoire léger. Au-delà de leur humour, ces morceaux de quelques minutes témoignent d'une réelle inspiration et d'un métier sûr – Anderson étudia avec Walter Piston à Harvard. Citons *The Bugler's Holiday*, où un clairon s'ébroue joyeusement, *The Typewriter*, désopilant mini-concerto pour machine à écrire, *The Sandpaper Ballet*, où un papier de verre frotté fait office de percussion, *Plink, Plank, Plunk !*, tout en pizzicatos de cordes, ou *Syncopated Clock*, où résonne le tic-tac d'une horloge. Une étude a montré qu'Anderson était au milieu du siècle le compositeur américain le plus joué par les orchestres nationaux, c'est dire la place qu'occupait la musique légère dans la programmation !

Traditionnelle, l'écriture de David Diamond (1915-2005) fait toutefois usage d'un chromatisme volontiers dissonant. Élève de Roger Sessions puis de Nadia Boulanger à Paris, il reçoit également les conseils de Darius Milhaud, Albert Roussel et Maurice Ravel ; après la mort de ce dernier, il compose une belle *Elegy in memory of M. Ravel*. Au sein d'un catalogue conséquent, onze symphonies, dont la deuxième de 1942 est la plus importante ; les *Rounds for Strings Orchestra* de 1944 restent la partition la plus renommée de Diamond.

Parmi ces éclectiques, nous évoquerons enfin Ned Rorem, dont la musique a pour trait principal une plénitude sonore que l'on pourrait qualifier d'euphonique. Entre une tendresse quasi sentimentale et une vigueur redevable à Stravinsky ou peut-être au jazz, elle est en effet d'une séduction constante et pour ainsi dire naturelle. Rorem use d'une tonalité élargie et libre qui n'exclut pas différents types de modernismes d'écriture. Son catalogue est important – et particulièrement bien servi au disque : une quarantaine d'œuvres pour orchestre de genres traditionnels ou libres, sept opéras, plus d'une trentaine de partitions de chambre, de la musique chorale à foison et près de quatre cents mélodies. C'est pour ces dernières que le compositeur a d'abord été reconnu. Portées par son amour de la poésie, elles ont fait dire à Virgil Thomson que Rorem était un « Poulenc français », observation non dénuée de justesse.

Formé à Chicago puis au Curtis Institute de Philadelphie, Ned Rorem fut un temps l'assistant de Virgil Thomson, puis s'est perfectionné avec Copland à l'académie d'été de Tanglewood, avant d'étudier à la Juilliard School de New York. Il a ensuite reçu l'enseignement d'Arthur Honegger à Paris, où il a vécu quelques années. La parution en 1966 du *Paris Diary of Ned Rorem* (traduit en français sous le titre *Journal parisien, 1951-1955*) a étendu sa célébrité et l'a imposé comme un authentique écrivain, diariste au premier chef. Cet ouvrage et la quinzaine d'autres qui a suivi, dans lesquels la musique et l'art tiennent la première place, dévoilent un homme attachant, aussi narcissique que diablement spirituel, lucide et sombre également. Pour se faire une idée de l'œuvre de Rorem, on peut écouter un bouquet de ses mélodies, son *2ᵉ Concerto pour piano* de 1950, sa *3ᵉ Symphonie*, créée par son ami Leonard Bernstein avec le New York Philharmonic en 1959, sa suite d'orchestre *Air Music* de 1974, son *Concerto pour violoncelle* de 1984, son trio *Spring Music* de 1991 et son quintette avec flûte et piano *The Unquestioned Answer* (*La réponse non questionnée*) de 2003. S'exprimant à propos de cette dernière œuvre, dont le titre plaisant est bien sûr un hommage à Charles Ives, Rorem livrait une définition de son art : « Pour moi, la musique ne pose pas de question, elle apporte une réponse. Les questions sont philosophiques, mais l'art n'est pas de la philosophie ; l'art est en soi une fin, une réponse. »

« LENNY », ICÔNE DU GÉNIE AMÉRICAIN

Il est sans aucun doute le plus renommé des « éclectiques » : Leonard Bernstein (1918-1990), l'une des personnalités les plus fascinantes de la musique américaine, reconduit l'idéal d'une synthèse entre genre populaire (jazz, *musical* et chanson) et musique savante, à la suite de Gershwin et de Copland – comme eux, il est issu d'immigrés russes juifs. Selon le genre qu'elle adopte, la musique de Bernstein est capable de toutes les nuances entre un jazz écrit et une écriture évoquant Copland (son mentor), Hindemith ou Stravinsky.

Mais quel que soit le registre choisi, elle se distingue par sa générosité mélodique et sa force expressive.

Après ses études avec Piston et Burlingame Hill à Harvard, Randall Thompson et Fritz Reiner au Curtis Institute of Music de Philadelphie, Bernstein connaît la notoriété en devenant dès 1943 chef assistant du New York Philharmonic – à la fin de cette année, il est amené à remplacer Bruno Walter lors d'un concert télédiffusé sur le territoire américain. Avec un style de direction passionné et visant l'intensité émotionnelle, Bernstein deviendra l'un des chefs d'orchestre les plus célébrés de son époque. Déjà auteur d'une *Sonate pour clarinette* et d'une *1re Symphonie*, « Jeremiah », fondée sur la liturgie juive, Bernstein confirme sa renommée avec la partition du ballet *Fancy Free*, dont Jerome Robbins lui a passé commande. L'œuvre est montée avec succès en 1944, ce qui ouvre au compositeur les portes de Broadway. Son *musical On the Town*, sur le même argument que celui de *Fancy Free*, témoigne de son habileté à jouer des styles populaires. Bernstein revient à une écriture sérieuse avec sa *2e Symphonie*, « The Age of Anxiety », concerto pour piano déguisé que Koussevitzky crée en 1949 avec l'auteur au clavier. Successivement, Bernstein livre l'opéra *Trouble in Tahiti*, l'histoire d'un couple en perdition vue au travers de courtes scènes, et le *musical Wonderful Town*, qui parodie brillamment le jazz de l'entre-deux-guerres

– au total, la production dramatique du compositeur comptera deux opéras, cinq *musicals* et trois ballets. Inspirée du *Banquet* de Platon, la *Sérénade pour violon* de 1954 s'affirme comme une pièce remarquable du répertoire concertant américain.

Bernstein écrit alors simultanément deux œuvres pour Broadway, la « comic operetta » *Candide*, d'après le conte de Voltaire, et le *musical West Side Story*, moderne *Roméo et Juliette* sur un livret d'Arthur Laurents, avec des paroles de Stephen Sondheim, une chorégraphie et une mise en scène de Jerome Robbins. Les deux œuvres, l'une sarcastique, l'autre évoquant des problèmes sociaux, témoignent de l'engagement de Bernstein, qui affichera toujours ses sympathies avec l'extrême gauche, quitte à devenir suspect aux yeux des plus conservateurs. Si *Candide* ne trouve pas immédiatement son public, *West Side Story*, créé en 1957, devient vite un succès planétaire. Dans un mélange de jazz, de rythmes latins et sous-tendu par un véritable lyrisme, l'ouvrage met en scène l'histoire d'amour tragique de Tony et Maria, issus de deux communautés new-yorkaises. Son adaptation cinématographique en 1961, par Jerome Robbins et Robert Wise, fait entrer le *musical* et certains de ses airs (« Maria », « America », « Tonight » « One Hand, One Heart » ou « I Fell Pretty ») dans la légende américaine. En 1985, Bernstein donnera au disque une luxueuse version de

West Side Story, avec parmi d'autres les chanteurs José Carréras, Kiri Te Kanawa ou Marilyn Horne.

Alors qu'il se contentait jusqu'alors de répondre aux invitations de nombreux orchestres, Bernstein est le premier Américain natif à devenir chef en 1958 du prestigieux New York Philharmonic, position qu'il occupera onze ans. Avec la formation, il réalise de nombreux enregistrements et conçoit les « Young People's Concerts », série de concerts-conférences télédiffusés dans lesquels éclatent ses dons de passeur et sa séduction innée. Bernstein continuera de diriger et d'enregistrer avec d'autres phalanges, notamment le London Symphony Orchestra, l'Orchestre national de France, l'Israel Philharmonic Orchestra ou les Wiener Philharmoniker, avec lesquels il grave les symphonies de Gustav Mahler, sans doute le compositeur auquel il s'identifie le plus.

En 1963, Bernstein donne sa *3ᵉ Symphonie*, « Kaddish », sorte d'oratorio sur la prière aux morts des juifs, dédié à John F. Kennedy, assassiné peu avant la première. Suivent les séduisants *Chichester Psalms*, sur des textes de psaumes en hébreu – on remarque que la plupart des œuvres de Bernstein destinées au concert sont issues d'une angoisse métaphysique ou religieuse. Commandée par Jacqueline Kennedy pour l'inauguration du John F. Kennedy Center de Washington, la « theatre piece » *Mass* de 1971 mêle liturgies catholique, hébraïque et gloses modernes, notamment de Bernstein et du chanteur folk Paul Simon. Conçue pour un effectif titanesque (orchestre symphonique et orchestre de chambre, solistes de différents genres musicaux, trois chœurs, trio de jazz et bande magnétique), la partition est la plus éclectique du compositeur, qui conjugue postromantisme, dodécaphonisme, blues, gospel, *musical*, jazz et rock ; à lui seul, le touchant « A Simple Song » témoigne du génie de Bernstein à estomper les frontières entre les genres. Le dernier *musical* du compositeur, *1600 Pennsylvania Avenue*, remporte peu de succès (il sera remanié après la mort de Bernstein sous le titre *A White House Cantata*). *Songfest* est un cycle pour voix et orchestre sur des poésies d'O'Hara, Whitman, Gertrude Stein ou Poe, à l'occasion des célébrations du bicentenaire des États-Unis, et le *Divertimento pour orchestre* fait référence à l'histoire musicale de Boston, dont l'orchestre fête son centenaire en 1980. *A Quiet Place*, second opéra de Bernstein, est imaginé comme la suite de *Trouble in Tahiti*, qu'il incorpore sous la forme d'un flashback narratif. L'une des dernières œuvres du compositeur est son inclassable *Concerto pour orchestre*, qui inclut des passages improvisés, un hommage au *Concerto pour orchestre* de Béla Bartók, des danses et la déclamation d'un texte biblique.

Ajoutons enfin que, sans se revendiquer théoricien, Bernstein a réfléchi sur son art. Ses réflexions sont résumées dans les conférences qu'il donne à Harvard en 1973, reprises dans un livre dont le titre emprunte à une partition de Ives, *The Unanswered Question* ; le compositeur y affirme sa croyance profonde en un langage musical de nature tonale. Capable d'embrasser la musique dans toutes ses composantes et sa diversité, Leonard Bernstein a réussi comme Gershwin à s'adresser à un plus large public que celui de la musique savante, et ce faisant, s'est imposé comme une icône du génie américain. Les œuvres les plus populaires de « Lenny », comme sa personnalité attachante encourage à l'appeler, demeurent celles des années 1950, *West Side Story* étant probablement son chef-d'œuvre.

DES AMÉRICAINS À PARIS

Le prestige artistique dont jouit l'Europe aux yeux des musiciens américains les a souvent conduits à venir y étudier. Traverser l'Atlantique permet de se perfectionner auprès de maîtres réputés, détenteurs d'une tradition, c'est-à-dire, plus symboliquement, de retourner aux racines de la musique savante. Si les compositeurs de la *Second New England School* ont été formés pour la plupart en Allemagne, les générations suivantes préféreront se rendre à Paris. Capitale des arts, la ville est aussi un lieu de liberté, surtout comparé à l'Amérique de la prohibition.

La principale raison de l'intérêt des Américains pour la capitale française est la présence charismatique de Nadia Boulanger. Elle est, entre 1921 et les années 1970, la pédagogue la plus respectée de la planète. « Mademoiselle », comme on la surnomme, n'a pas son pareil pour donner confiance, aiguiser et satisfaire la curiosité, permettre à chacun de devenir soi-même. Elle invente une pédagogie qui n'appartient qu'à elle, fondée sur l'analyse croisée de la musique ancienne, des œuvres de Bach et des plus récentes partitions de Stravinsky, dont elle est proche, ceci en conjuguant musique, arts et philosophie. La « Reine de la musique », comme l'appellera Bernstein, dispensera son enseignement au Conservatoire américain de Fontainebleau, à l'École normale, au Conservatoire de Paris, et surtout, peut-être, à son appartement parisien du 36, rue Ballu, près de la place de Clichy, lors de cours collectifs hebdomadaires hautement ritualisés. De Jean Françaix à Iannis Xenakis, de Michel Legrand à Quincy Jones, en passant par Igor Markevitch, Dinu Lipatti, Lalo Schifrin, Daniel Barenboim, Astor Piazzolla ou George Benjamin, l'essentiel de ce que la planète compte de jeunes musiciens doués passe entre les mains de Nadia Boulanger.

L'un de ses premiers élèves est précisément Aaron Copland, entre 1921 et 1924. On peut supposer qu'il a beaucoup fait, en vantant les mérites de la pédagogue, pour son succès auprès de ses compatriotes. Un quart de siècle après avoir suivi ses cours, devenu un maître respecté, Copland écrit encore à Boulanger : « Je considérerai toujours notre rencontre comme la plus importante de ma vie musicale. Ce que vous avez fait pour moi, exactement au moment où j'en avais le plus besoin, est inoubliable. Tout ce que j'ai pu accomplir est intimement lié, dans mon esprit, à ces jeunes années, ainsi qu'à l'exemple et l'inspiration que vous avez représentés depuis. » Peu après, le jeune Ned Rorem, venu suivre l'enseignement de Mademoiselle, peut écrire dans son journal : « Pour tous ceux qui constituent le monde musical et pour des milliers qui n'en font pas partie, Nadia Boulanger est la plus remarquable pédagogue de notre siècle, et peut-être, qui sait, de tous les temps. »

En somme, rien n'a été plus naturel, pour plusieurs générations de compositeurs américains, que de rejoindre tôt ou tard la « boulangerie » – ainsi que cette cohorte débarquée d'outre-Atlantique s'appelait elle-même. Boulanger noua d'ailleurs des liens forts avec les États-Unis, qu'elle visita dès 1925 pour créer la *Symphonie* avec orgue composée par Copland (son élève favori) à son intention. Elle s'y établit pendant la

Deuxième Guerre, fut la première femme à diriger le Boston Symphony Orchestra, le Philadelphia Orchestra, le New York Philharmonic, et enseigna à Harvard, au Wellesley College et à la Juilliard School. S'il est impossible de citer tous les Américains venus étudier avec Nadia Boulanger à Paris, il nous semble utile d'en livrer une liste indicative (en nous contentant des compositeurs !), seule capable de faire prendre la mesure de l'influence de la pédagogue sur la musique américaine : Marion Bauer, Robert Russell Bennett, Arthur Berger, Marc Blitzstein, Paul Bowles, Elliott Carter, John Chowning, Chalmers Clifton, Aaron Copland, David Diamond, Herbert Elwell, Philip Glass, Roger Goeb, Roy Harris, Andrew Imbrie, Harrison Kerr, Leo Kraft, John La Montaine, Noël Lee, Merle Montgomery, Dorothy Rudd Moore, Douglas Moore, Anthony Newman, Walter Piston, Bernard Rogers, Ned Rorem, Roger Sessions, Dana Suesse, Howard Swanson, Virgil Thomson, George Walker, David Ward-Steinman.

Il ne fait aucun doute que la classe de Nadia Boulanger représente un pan de l'histoire de la musique américaine. Avec un enseignement proche de l'esthétique stravinskienne, la « Mère de la musique moderne », comme l'appelait significativement Copland, contribua certainement à la formation d'une école américaine d'obédience plutôt néoclassique, même s'il faut remarquer que des musiciens aux esthétiques très diverses ont suivi ses cours. Plus largement, Boulanger permit à nombre d'Américains de définir leur américanisme, ainsi que le firent Ernest Bloch, Paul Hindemith et Darius Milhaud, quoique sur de moins longues périodes, lorsqu'ils enseignèrent aux États-Unis.

ENTRE DEUX MONDES : RÊVER D'AMÉRIQUE

Vers le milieu du XVIIIe siècle, les États-Unis deviennent une destination pour les musiciens européens. En un flux ininterrompu, ceux-ci s'installent sur le territoire, soit pour un temps, soit définitivement. D'autres ne font que passer, lors de tournées qui peuvent toutefois durer de longs mois, plusieurs années parfois. Encore jeune, ce pays a besoin de musiciens. Pour les interprètes ou les compositeurs européens, il représente ainsi une formidable opportunité – celle de conquérir de nouveaux publics, de faire connaître leur musique, d'étendre leur renommée. Même lorsque les États-Unis, dotés d'institutions pédagogiques musicales de qualité, sauront former leurs musiciens, les Européens, représentants de la grande tradition, continueront d'y être réclamés.

L'un des premiers à tenter le voyage est le violoniste belge Henri Vieuxtemps en 1843-1844. Il revient en 1857-1858, jouant avec le pianiste autrichien Sigismund Thalberg, alors installé aux États-Unis, puis en 1870-1871. Dès 1850, la cantatrice suédoise Jenny Lind a quant à elle traversé quatre-vingt treize villes en huit mois. Trois ans après, le Français Louis Jullien, chef de musique de bal renommé, est invité par le célèbre entrepreneur Phineas Taylor Barnum (celui du cirque du même nom) à donner en moins d'un an quelque deux cent quatorze concerts de quadrilles. À la même époque, la chanteuse italienne Adelina Patti effectue une tournée de trois ans avec le pianiste Maurice Strakosch et le violoniste Ole Bull. Elle reviendra se produire aux États-Unis en 1857, cette fois avec Louis Moreau Gottschalk, un natif. Deux ans après, Patti fera ses débuts à New York dans le rôle-titre de *Lucia di Lammermoor* de Donizetti. Elle aura d'autres occasions de parcourir le pays, et fera ses adieux au Metropolitan Opera en 1887. Pour les grands maîtres aussi, les États-Unis peuvent représenter une perspective de renouveau. Après le marasme financier dans lequel l'a plongé le premier festival organisé à Bayreuth en 1876, Richard Wagner envisage de s'y installer, et d'y donner son *Parsifal*. N'a-t-il pas, dans sa jeunesse, composé l'ouverture *Christophe Colomb*, en hommage au Nouveau Monde ? Le projet le préoccupe quelques années, mais ne se concrétise finalement pas. C'est à la même époque que Johann

Strauss, Hans von Bülow et Jacques Offenbach effectuent leurs tournées américaines déjà mentionnées.

On peut remarquer que le New York Philharmonic, fondé en 1842, ne sera dirigé que par des Européens jusqu'à l'arrivée à sa tête de Leonard Bernstein, en 1959. Parmi eux, Theodore Thomas, Anton Seidl, Leopold Damrosch, Felix Weingartner, Richard Strauss, Willem Mengelberg, Arturo Toscanini, Bruno Walter (qui créera plus tard des œuvres de Samuel Barber ou de Douglas Moore), Dimitri Mitropoulos. Gustav Mahler également. Entre 1907 et 1911, l'Autrichien est invité à diriger l'orchestre le plus prestigieux du pays, et celui surtout du Metropolitan Opera. Il regrette le goût conservateur du public new-yorkais, s'étonne des mises en scène dépassées, mais apprécie l'esprit nouveau qui souffle sur le pays. À la tête du Philharmonic, il fait voisiner les partitions de MacDowell avec celles de Strauss, Debussy, Elgar ou Pfitzner, peut-être davantage pour faire plaisir à ses hôtes que par conviction.

Parmi les autres chefs européens qui dirigent aux États-Unis se trouve André Caplet : entre 1910 et 1914, il est à la tête, six mois par an, de l'orchestre de la Boston Opera Company, et parfois du Boston Symphony Orchestra. L'ami de Debussy donne ainsi la première américaine de *Pelléas et Mélisande*, et, à quelques exceptions près, programme uniquement de la musique française. Le Russe Serge Koussevitzky, en plus d'être un mécène important (nous y reviendrons), donnera toute son ampleur au festival d'été de Tanglewood à la fin des années 1930, et y organisera une académie d'été où enseigneront Paul Hindemith, Bohuslav Martinů, Arthur Honegger et Olivier Messiaen. Le Hongrois Fritz Reiner sera successivement à la tête des orchestres de Cincinnati, Pittsburgh et Chicago, dont il améliorera considérablement le niveau. Il dirigera plusieurs années aussi au Metropolitan Opera et enseignera la direction au Curtis Institute of Music de Philadelphie, avec parmi ses élèves Leonard Bernstein et Lukas Foss. L'Anglais Leopold Stokowski effectuera lui aussi l'essentiel de sa carrière aux États-Unis, et les Français Pierre Monteux et Charles Munch y dirigeront de longues années.

En 1906, Camille Saint-Saëns (1835-1921) découvre les États-Unis, lors d'une tournée qui l'emmène à Philadelphie, Chicago et Washington. Il y revient en 1915, pour donner des conférences et des concerts à New York et San Francisco. Maurice Ravel (1875-1937) sera le troisième maître français invité à effectuer une grande tournée aux États-Unis. Elle a lieu entre janvier et avril 1928, organisée par le Bogue-Laberge Concert Management de New York en liaison avec l'Association française d'expansion et d'échanges artistiques (fondée en 1922, cette organisation ayant pour but de faire rayonner l'Hexagone à l'étranger sera bientôt rebaptisée Association française d'action artistique). Ravel suit un itinéraire conçu en dépit du bon sens, mais il sillonne le pays à bord de trains luxueux. Au piano ou à la tête des orchestres les plus prestigieux (New York Philharmonic, Boston Symphony Orchestra notamment), il interprète sa musique, dont l'essentiel avait déjà traversé l'Atlantique. Se prêtant de bonne grâce aux mondanités, Ravel reçoit des honneurs comme il n'en a jamais connu en France. À New York, il rencontre Béla Bartók, lui-même en tournée, revoit Varèse et rencontre Gershwin, avec qui il sort dans les boîtes de jazz de Harlem. La *Rhapsody in Blue* l'émerveille, mais Ravel refuse de donner des leçons à l'Américain, de peur de dénaturer son style.

Interrogé par l'influent critique Olin Downes dans le *New York Times*, le compositeur donne son avis sur la musique américaine. Ses mots méritent d'être cités, car ils s'inscrivent à la suite de la querelle, déjà ancienne mais toujours d'actualité, entre Dvořák et MacDowell : « Dans le domaine de la création, j'ai été confirmé dans mes premières impressions, explique Ravel. Je pense que vous ne vous réalisez pas suffisamment vous-mêmes et que vous lorgnez encore trop loin par-delà l'océan. Un artiste doit être cosmopolite dans ses jugements mais irréductiblement national lorsqu'il aborde l'art de créer. Je pense que vous savez que j'admire énormément et tiens en haute estime – plus même que la plupart des compositeurs américains sans doute – votre jazz. Mais (même en usant de ce style américain dans ma *Sonate pour violon*) ma manière musicale est restée évidemment purement française, même pour l'auditeur le moins averti. J'attends que plus d'Américains se préoccupent de leurs sources populaires. » Ravel traite à nouveau de l'identité de la musique américaine lors d'une conférence qu'il donne à Houston, peu avant de quitter le continent. De retour en France, ses poches sont remplies de 28 000 dollars.

Jean Sibelius (1865-1957) est aussi l'un de ces maîtres européens que les États-Unis souhaitent honorer. Il est invité par Horatio Parker, en mai-juin 1914, à donner une série de concerts dans le nord-est des États-Unis. Une nouvelle partition lui est commandée pour l'occasion, son poème symphonique *Les Océanides*. Reçu comme un invité de marque, Sibelius se lie à Parker, George Chadwick, ainsi qu'à Olin Downes. Dans les colonnes du *Boston Post*, celui-ci défend ardemment l'œuvre du Finlandais ; il poursuivra dans celles du *New York Times*, et plus tard même lui consacrera un livre. Au cours des années 1930, les partitions de Sibelius sont régulièrement programmées par les orchestres américains – Serge Koussevitzky en particulier défend son œuvre au concert et au disque, tout en échouant à obtenir du compositeur une huitième symphonie –, ce qui peut expliquer son influence sur les symphonistes du milieu de siècle, Howard Hanson par exemple. L'une des dernières grandes partitions de Sibelius, le poème symphonique *Tapiola*, résulte d'une commande du New York Philharmonic, à l'initiative de Damrosch. Quelques années auparavant, en 1921, Sibelius s'était vu offrir de diriger la nouvelle Eastman School of Music, mais avait décliné la proposition, renonçant de fait à une carrière américaine.

Au contraire, Igor Stravinsky (1882-1971) est le meilleur exemple de l'artiste dont l'installation aux États-Unis, en 1939, permet à la carrière de prendre une envergure internationale. Il serait vain de vouloir rendre compte ici de la « période américaine » de Stravinsky, puisqu'elle dure jusqu'à sa mort en 1971. Mais songeons que le compositeur, durant ces années, traverse l'Atlantique pas moins de quatre-vingt dix-sept fois ; cela donne une idée de l'intensité de ses activités et montre qu'elles se déploient vraiment sur les deux continents. Pour son compatriote Nicolas Nabokov (1903-1978), le départ pour les États-Unis en 1933, alors qu'il vit en France, est un choix personnel et stratégique, ainsi qu'il le raconte dans *Bagazh, Memoirs of a Russian cosmopolitan* (traduits en français sous le titre *Cosmopolite*). Les événements politiques des années suivantes, bien évidemment, déterminent son choix de demeurer sur le continent américain jusqu'en 1950. Nabokov y occupe différents postes d'enseignant. Signalons sa partition pour le ballet *Union Pacific*, chorégraphié en 1934 par Léonide Massine, qui fait usage de chants populaires américains pour évoquer la ligne de chemin de fer transcontinental construite sur le territoire dans les années 1860. Même s'il retournera s'installer en Europe, Nabokov restera lié aux États-Unis : occupant des positions institutionnelles d'influence, il exercera un rôle notable dans la politique culturelle américaine, plus ou moins secrètement liée à un programme anti-communiste. C'est lui, par exemple, qui organisera en France l'important festival « L'œuvre du XXe siècle » en 1952, et à Tokyo les « Rencontres East-West » en 1961.

L'EUROPE EN QUÊTE DE RECONNAISSANCE

Après la Seconde Guerre, le prestige des États-Unis, désormais à la tête du bloc occidental libre, est immense. Pour un compositeur européen, nouer des liens avec le pays est plus que jamais un indice mais aussi un facteur de réussite, qu'il s'agisse d'effectuer une tournée sur son territoire, d'y créer une œuvre, ou de se voir commander une partition de la part d'un mécène ou d'une institution. Deux exemples français suffiront à l'illustrer, mais l'on en trouverait d'autres sans peine. Celui de Francis Poulenc (1899-1963) d'abord. Auréolé de son statut de chantre de la Résistance, Poulenc voit sa carrière prendre un nouvel essor à la Libération de la France, malgré l'arrivée sur le devant de la scène d'une jeune avant-garde. Il effectuera quatre tournées aux États-Unis.

La première a lieu fin 1948. Le compositeur a pris soin de prévenir son ami Virgil Thomson de son arrivée, lui suggérant de préparer le public américain à sa musique dans ses articles de presse. Six semaines durant, Poulenc et son partenaire musical, le baryton Pierre Bernac, traversent le pays. Washington, Boston, New York, North Hampton, Detroit, Chicago, Los Angeles, Philadelphie, Salt Lake City, Pittsburgh... Avec le New York Philharmonic dirigé par Dimitri Mitropoulos, le compositeur donne deux fois son *Concert champêtre*. Il noue des liens, retrouve Stravinsky et Darius Milhaud, Wanda Landowska et Vladimir Horowitz. Sa deuxième tournée, toujours avec Bernac, a lieu début 1950 et dure trois mois. Le duo donne une trentaine de récitals et Poulenc, avec le Boston Symphony Orchestra et Charles Munch, crée son *Concerto pour piano*, une « carte postale de Paris » spécialement conçue pour l'Amérique. Il rédige aussi un faux journal intime, « Feuilles américaines », qui rendra compte avec habileté de son périple au public français. À nouveau, le voyage est profitable, et Poulenc ne se privera pas d'évoquer son « succès américain » au « pays de Sibelius ».

Le musicien retrouve le Nouveau Monde début 1952, pour deux mois. Le charme opère encore. Poulenc est reçu comme un maître et devient l'ami de Samuel Barber. Ce n'est qu'au début de 1960 qu'il revient aux États-Unis, pour un mois, cette fois avec le chef Georges Prêtre et la soprano Denise Duval. À nouveau, Poulenc est couvert d'honneurs. Ces quatre tournées, et le travail de fond qu'elles représentent auprès du public et des décideurs américains, ne sont pas pour rien dans les sollicitations que Poulenc reçoit d'Amérique. L'Elizabeth Sprague Coolidge Foundation lui commande sa *Sonate pour flûte*, la Koussevitzky Foundation son *Gloria* (Charles Munch le crée à Boston début 1961), le New York Philharmonic ses *Répons des ténèbres* pour l'inauguration du Lincoln Center (l'œuvre sera donnée posthumément). Ajoutons que, sans résulter d'une commande, la *Sonate pour clarinette* de Poulenc est créée peu après sa mort par Leonard Bernstein et le jazzman Benny Goodman au Carnegie Hall de New York. Surtout, peut-être, ces quatre tournées de Poulenc auront favorisé l'implantation de sa musique sur le territoire américain, ce qui peut expliquer une part du vif succès qu'elle y recueille aujourd'hui encore.

Le cas d'Olivier Messiaen (1908-1992) est également très instructif. Le compositeur se rend pour la première fois aux États-Unis en 1949, à l'invitation de Serge Koussevitzky, pour enseigner aux cours d'été de Tanglewood. Étoile montante de la musique française, Messiaen défraie la chronique avec ses partitions mystiques et sa pédagogie d'un nouveau genre. Il aura plusieurs occasions de retourner aux États-Unis, aux côtés de son épouse la pianiste Yvonne Loriod, infatigable propagatrice de sa musique, ou pour superviser des exécutions de ses œuvres, par exemple par Zubin Mehta à la tête du New York Philharmonic en 1978. Certains de ces voyages seront organisés et financés par l'Association française d'action artistique.

Koussevitzky a déjà dirigé la musique de Messiaen lorsqu'il lui passe commande d'une partition en 1945 : « Faites-moi l'œuvre que vous voulez, dans le style que vous voulez, de la durée que vous voulez, avec la formation instrumentale que vous voulez... » Le compositeur lui « fera » la *Turangalîla-Symphonie*, chant d'amour et de joie dont le titre provient d'un mot sanskrit. Un monument de dix mouvements, à l'organisation cyclique, destiné à un vaste orchestre incluant de nombreuses percussions, un piano et des ondes Martenot. L'œuvre est créée par le Boston Symphony Orchestra, en décembre 1949, non par Koussevitzky, déjà affaibli, mais par Leonard Bernstein, son protégé.

Un quart de siècle plus tard, Messiaen reçoit une autre commande américaine, cette fois de la collectionneuse et mécène Alice Tully. Il choisit de célébrer les États-Unis. Mais n'affectionnant qu'assez peu leur démesure urbaine et leurs gratte-ciels, il s'inspire des paysages désertiques de l'Utah, en particulier des rouge-orangés du Bryce Canyon – où il se rend spécialement –, de ses oiseaux, tout en s'élevant « jusqu'à la beauté des étoiles », autrement dit jusqu'à Dieu : « Mon œuvre, conclut Messiaen, est donc à la fois géologique, ornithologique, astronomique et théologique. [...] C'est une œuvre avant tout de louange et de contemplation. » Intitulée *Des canyons aux étoiles...*, cette partition pour orchestre et piano, plus vaste encore que la *Turangalîla-Symphonie*, est créée en novembre 1974 au Lincoln Center de New York.

Dans la carrière de Messiaen aussi, les voyages aux États-Unis et les commandes qui en proviennent confortent une position de créateur. Lorsqu'on demandera au musicien de rédiger sa notice biographique pour un dictionnaire, il écrira avec fierté – à la troisième personne : « La consécration du monde entier lui arrive avec les plus hautes distinctions [...] Les Américains ont donné à une montagne, près de Salt Lake City, le nom de Messiaenax. » Affirmation étonnante mais exacte : un relief de l'Utah est baptisé « Mount Messiaen » depuis 1978, en hommage à la venue du compositeur dans la région. Messiaen dira avoir décliné d'autres commandes américaines et refusé d'enseigner à Harvard, faute de maîtriser la langue de Whitman. À la fin de sa vie, il répondra positivement toutefois à la requête du New York Philharmonic, qui souhaite une partition de lui pour fêter son cent-cinquantenaire. Ce sera la dernière œuvre symphonique de Messiaen, *Éclairs sur l'au-delà...*, que Zubin Mehta créera quelques mois après sa mort.

MÉCÈNES AMÉRICAINS

Les deux exemples qui viennent d'être donnés sont l'occasion d'évoquer certains mécènes américains du XXe siècle, Elizabeth Sprague Coolidge (1864-1953) et Serge Koussevitzky en particulier. La première a passé commande à quelque cent quatre-vingt compositeurs, soit directement, soit par l'intermédiaire de la fondation portant son nom, créée en 1925. Parmi les partitions qui en ont résulté, citons *Appalachian Spring* et le *Quatuor avec piano* de Copland, les *Four Diversions* pour quatuor à cordes de Louis Gruenberg, les *Hermit Songs* de Barber ou les *Ancient Voices of Children* de George Crumb. Mais Sprague Coolidge a aussi joué un rôle important pour les compositeurs européens, installés ou non en Amérique : elle a ainsi commandé l'*Apollon musagète* de Stravinsky, le *Trio* op. 40 d'Albert Roussel, le *5ᵉ Quatuor à cordes* de Bartók, le *1ᵉʳ* de Prokofiev, les *3ᵉ* et *4ᵉ* de Schoenberg, les *Chansons madécasses* de Ravel et la *Sonate pour flûte* de Poulenc, parmi d'autres.

Tandis que Sprague Coolidge s'intéressait essentiellement à la musique de chambre, Serge Koussevitzky œuvra surtout pour la musique symphonique. En hommage à son épouse défunte, il fonde en 1942 la Koussevitzky Foundation. Chef d'orchestre du Boston Symphony Orchestra depuis 1924, Koussevitzky crée généralement lui-même les partitions qu'il commande. Parmi elles, citons (de son vivant seulement) les *Prayers of Kierkegaard* de Barber, la *Symphony for Strings* de Schuman, la *3ᵉ Symphonie* de Copland, la *4ᵉ* de David Diamond, la *7ᵉ* de Roy Harris, *A Trip to Nahant* de Randall Thompson ou la *Serenade* de Bernstein. Koussevitzky, qui souhaite encourager l'émergence d'une tradition symphonique américaine, favorise lui aussi les liens des compositeurs européens avec les États-Unis. Il est ainsi à l'origine du *Peter Grimes* de Britten, du *Concerto pour orchestre* de Bartók, de la *2ᵉ Symphonie* de Milhaud, de la *Turangalîla-Symphonie* de Messiaen, d'*Un survivant de Varsovie* de Schoenberg ou de la *5ᵉ Symphonie* d'Honegger.

On peut citer d'autres mécènes, réguliers ou occasionnels : Alice Tully, la Guggenheim Foundation, la

Fromm Music Foundation, ainsi qu'un bon nombre d'orchestres, comme le New York Philharmonic (commanditaire de la *Sinfonia* de Berio pour son cent vingt-cinquième anniversaire), le Los Angeles Philharmonic ou le Cleveland Orchestra. Un compositeur français comme Henri Dutilleux (1916-2013), qui a essentiellement vécu de sa création, a beaucoup dû aux États-Unis. La Koussevitzky Foundation est à l'origine de sa *2ᵉ Symphonie « Le Double »* et de son quatuor à cordes *Ainsi la nuit* (destiné au Juilliard Quartet), George Szell lui commanda ses *Métaboles* pour le quarantième anniversaire de son Cleveland Orchestra et Seiji Ozawa *The Shadows of Time* pour le Boston Symphony Orchestra. On se plaît à trouver là l'origine d'une certaine couleur *bluesy* des partitions, pourtant si françaises, de Dutilleux.

ENTRE DEUX MONDES : FUIR L'EUROPE

Mais revenons dans la première moitié du XXᵉ siècle. Certains compositeurs européens s'exilent aux États-Unis pour des motifs politiques, même sans être directement ou personnellement menacés par les événements de cette période. Ainsi de Serge Prokofiev (1891-1953), qui, après la Révolution russe de 1917, s'établit en Amérique pour quatre ans. Il y compose notamment son opéra *L'Amour des trois oranges*, créé fin 1921 à Chicago. Dans sa partition, le compositeur tient compte du goût américain, en adoptant un langage musical plus consonant qu'auparavant – attitude que l'on remarquera chez nombre d'Européens composant pour le public américain. Son *3ᵉ Concerto pour piano* résulte probablement de la même intention. Pour Prokofiev, ces années sont difficiles : il peine à imposer sa musique et subit la concurrence comme concertiste de son compatriote Serge Rachmaninov (1873-1943). Celui-ci avait déjà effectué une tournée aux États-Unis en 1909-1910, pour laquelle il avait composé son *3ᵉ Concerto pour piano*, créé par Walter Damrosch à la tête du New York Philharmonic. En 1918-1919, Rachmaninov se lance dans une nouvelle tournée américaine de trente-six concerts. À son terme, il décide de s'installer en Amérique, solution financièrement avantageuse. Établi à New York d'abord, à Beverly Hills ensuite, il continuera de parcourir le monde, donnant certaines saisons jusqu'à soixante ou soixante-dix concerts.

Le cas de Béla Bartók (1881-1945) est plus tragique. C'est par refus de se compromettre, alors que son pays devient une semi-dictature, qu'il envisage à la fin des années 1930 de s'exiler. Bartók avait déjà visité les États-Unis en 1928, lors d'une tournée de deux mois. Sous la direction de Mengelberg, le New York Philharmonic avait échoué à jouer son *1er Concerto pour piano*, remplacé *in extremis* par sa *Rhapsodie* op. 1. Son ancien élève Fritz Reiner était parvenu pour sa part à faire exécuter l'œuvre par l'orchestre de Cincinnati. Au début de 1940, Bartók effectue une nouvelle tournée aux États-Unis. Il y retrouve son compatriote le violoniste Joseph Szigeti et le clarinettiste Benny Goodman, dédicataires des *Contrastes*, qu'il crée et enregistre avec eux. C'est en octobre de cette même année que le compositeur quitte définitivement la Hongrie. Il passera aux États-Unis les cinq dernières années de sa vie, effectuant quelques tournées assez décevantes, avant sa dernière apparition publique, fin janvier 1943, à l'occasion de la première américaine de son *Concerto pour deux pianos, percussions et orchestre*, qu'il interprète avec sa femme sous la direction de Reiner.

Comme sa santé – il est atteint d'une leucémie –, la situation matérielle de Bartók décline. Mais il refuse toute aide, à moins que celle-ci n'implique une contre-partie musicale. Koussevitzky lui commande donc une partition symphonique. Ce sera le vaste *Concerto pour orchestre*. Sa création, fin 1944 à Boston, est triomphale. Le chef-d'œuvre, l'un des plus accessibles du catalogue de Bartók, contribuera à familiariser un large public à son langage musical souvent âpre. Assez dure avec lui depuis son arrivée aux États-Unis, la critique accuse le compositeur de s'être adapté au goût américain, et même d'avoir adopté une posture conservatrice dans cette nouvelle partition éclatante, aux thèmes bien dessinés et au langage peu moderniste. Koussevitzky ne s'embarrasse pas de tels débats, désireux il est vrai de mettre à l'honneur une partition qu'il a suscitée et créée : le *Concerto pour orchestre* est selon lui « la meilleure œuvre des vingt-cinq dernières années ». Fin 1943, Bartók assiste à plusieurs exécutions de sa musique, notamment par Yehudi Menuhin, qui lui fait commander une *Sonate pour violon seul*. On réclame aussi un *Concerto pour alto* au compositeur, ainsi qu'un *3ᵉ Concerto pour piano*, dont l'un de ses disciples devra orchestrer les dernières mesures. Comme le *Concerto pour orchestre*, cette partition est marquée par un style clair qui ne sera pas du goût des tenants de la modernité. Quant au *Concerto pour alto*, Bartók n'aura pas le temps de l'achever.

Pour Benjamin Britten, le départ pour les États-Unis, en avril 1939, est la conséquence de convictions profondément pacifistes, et la perspective d'un renouveau personnel devenu nécessaire – il s'exile avec Peter Pears, qui devient alors son compagnon. En Amérique, Britten fait la connaissance en particulier d'Aaron Copland et du compositeur d'origine canadienne Colin McPhee (1900-1964), qui l'initie à la musique balinaise (lui-même en irrigue certaines de ses partitions, comme ses *Tabuh-Tabuhan* pour deux pianos et orchestre). La période américaine de Britten est prolifique. Il compose les *Illuminations* sur des poèmes de Rimbaud, les *Seven Sonnets of Michelangelo*, l'importante *Sinfonia da Requiem*, que crée John Barbirolli à la tête du New York Philharmonic en mars 1941. Mais aussi le *Concerto pour violon*, les *Diversions* pour piano et orchestre, créées en janvier 1942 par Paul Wittgenstein et l'orchestre de Philadelphie dirigé par Eugene Ormandy. La Sprague Coolidge Foundation commande à Britten son *1er Quatuor à cordes* et l'université de Columbia sa première œuvre dramatique, l'opérette *Bunyan*, sur un livret de Wystan Hugh Auden, lui aussi installé pour un temps aux États-Unis.

Davantage que celui de Britten, l'exil de Bohuslav Martinů est lié à des raisons politiques, les nazis ayant interdit sa musique en Bohême et en Moravie. Installé à Paris, Martinů fuit d'abord dans le sud de la France au printemps 1940, puis à New York au début de l'année suivante. Même s'il s'accoutume difficilement à sa nouvelle vie, sa production est importante. C'est aux États-Unis qu'il compose notamment quatre de ses six *Symphonies*. La première résulte d'une commande de Koussevitzky, qui la crée à Boston ; la deuxième lui est demandée par la communauté tchèque de Cleveland, où elle est dirigée par George Szell ; la troisième, l'une des œuvres inspirées à Martinů par la guerre, est donnée par Koussevitzky à Boston ; la quatrième enfin, l'une des plus grandes œuvres de sa période américaine, est créée à Philadelphie par Eugene Ormandy. À la fin de la guerre, Martinů est nommé professeur au conservatoire de Prague, mais demeure fixé aux États-Unis jusqu'en 1953, avant s'installer en France et en Suisse. Il obtiendra en 1957 le Rome Prize américain.

Hindemith fut quant à lui pressé par ses amis, début 1940, de quitter la Suisse pour les États-Unis. C'est sans illusion qu'il s'y résout, ses précédentes visites en Amérique ne lui ayant pas laissé un souvenir impérissable. Contre toute attente, c'est lors de sa période américaine que le compositeur acquerra une stature internationale. Nommé à l'université de Yale, il devient un professeur admiré et recherché. Il y fonde le Yale Collegium Musicum, ensemble instrumental destiné à jouer la musique allant du Moyen Âge jusqu'à Bach. Couronnée de succès, l'entreprise constitue un jalon dans la redécouverte de la musique ancienne. Les Américains se familiarisent peu à peu avec l'œuvre d'Hindemith, au point qu'il devienne, sur le territoire, le compositeur vivant de musique savante le plus joué. Il écrit notamment son *Concerto pour violoncelle*, ses *Métamorphoses symphoniques sur des thèmes de Weber*, son monumental *Ludus Tonalis* pour piano et sa *Symphonia serena*. Après la guerre, Hindemith composera aussi un requiem, en hommage aux États-Unis et aux victimes de l'Holocauste. L'œuvre est intitulée *When Lilacs Last in the Dooryard Bloom'd*, du titre de l'élégie de Walt Whitman sur laquelle elle repose, rédigée par l'écrivain après l'assassinat d'Abraham Lincoln en 1865 (cette partition, qu'Hindemith avait initialement songé à intituler « An American Requiem », est sous-titrée « A Requiem for Those We Love »). Le musicien retourne peu à peu en Europe à partir d'avril 1947. Il donne une série de conférences à Harvard dans l'hiver 1949-1950, synthèse et consécration du travail pédagogique qu'il a développé aux États-Unis. Engagé à l'université de Zurich en 1951, il s'y installe définitivement en 1953.

MUSICIENS PERSÉCUTÉS

La nomination d'Adolf Hitler comme chancelier de la République de Weimar, en janvier 1933, entraîne les années suivantes un véritable exode des cerveaux : pour échapper aux persécutions des nazis, intellectuels et artistes, juifs pour la plupart, fuient l'Allemagne nazie, la France de Vichy et l'Europe entière, pour les États-Unis essentiellement – citons par exemple Hannah Arendt, Bertolt Brecht, Marc Chagall, Albert Einstein et Claude Lévi-Strauss. D'autres sont musiciens : leurs œuvres sont considérées *Entartete Musik*

(« musique dégénérée ») et frappées d'interdiction. Rappelons que Viktor Ullmann, Erwin Schulhoff, Richard Fall, Pavel Hass et Hans Krása, pour ne citer que des compositeurs, périssent dans les camps de la mort. Dans les pages qui suivent, nous évoquerons l'exil aux États-Unis de compositeurs juifs qui nous sont encore familiers, la plupart ayant contribué à façonner la musique américaine, parfois de manière déterminante. Rappelons toutefois les noms d'autres musiciens persécutés et exilés aux États-Unis, dont nous n'aurons pas l'occasion de traiter. Parmi les compositeurs : Ralph Benatzky, Max Brand, Paul Dessau, Jerzy Fitelberg, Herbert Fromm, Wilhelm Grosz, Erich Itor Kahn, Emmerich Kálmán, Karol Rathaus, Robert Stolz, Ignace Strasfogel, Ernst Toch et Stefan Wolpe ; parmi les interprètes : Jascha Horenstein, Otto Klemperer, Rudolf Kolisch, Wanda Landowska, Erich Leinsdorf, Gregor Piatigorsky, Arthur Schnabel, Rudolf Serkin, Eduard Steuermann, George Szell et Paul Wittgenstein.

L'un des premiers à fuir l'Europe est Arnold Schoenberg. Arrivé courant 1934 à Boston, il s'établit à la fin de l'année à Los Angeles, où il enseigne en privé et à l'université de Californie. C'est à cette époque qu'il noue une belle amitié avec George Gershwin – les deux hommes se livrent à des parties de tennis disputées sur les courts d'Hollywood ! À la mort prématurée de l'Américain, Schoenberg lui rend un vibrant hommage à la radio, puis dans un article. Ses mots, d'autres auraient pu les employer, mais, issus de la plume de l'inventeur du dodécaphonisme, ils n'en prennent que plus de force : « Beaucoup de musiciens ne considèrent pas George Gershwin comme un compositeur sérieux. Mais ils devraient comprendre que, sérieux ou non, c'est un compositeur, autrement dit un homme plongé dans la musique et qui exprime en musique tout ce qu'il a à dire, que ce soit sérieux ou non, profond ou non, parce que la musique est sa langue maternelle. [...] Gershwin fut indiscutablement un novateur. Ce qu'il sut tirer du rythme, de l'harmonie et de la mélodie n'est pas une pure question de style : c'est quelque chose qui diffère essentiellement du maniérisme cher à plus d'un compositeur sérieux. [...] Gershwin est un artiste et un vrai compositeur. Il a exprimé des idées musicales et ces idées étaient neuves, comme le langage dont il s'est servi. »

Schoenberg vit son exil difficilement, même s'il a la satisfaction d'assister à la création de l'État d'Israël — il est nommé président de son Académie de musique en 1951. Une part importante de sa production est tonale : la *Suite* en sol, destinée aux orchestres universitaires, le *Thème et variations*, qui s'adresse aux harmonies, les *Variations on a Recitative for Organ* et le *Kol Nidre*. Le musicien reprend aussi sa *2ᵉ Symphonie de chambre*. Ce retour à la tonalité s'explique en partie par le climat musical des États-Unis. Même dans ses œuvres dodécaphoniques, Schoenberg réintègre des éléments de tonalité : le *Concerto pour violon*, le *Concerto pour piano* (créé par Steuermann avec le NBC Orchestra dirigé par Stokowski) et l'*Ode à Napoléon* (qui loue l'esprit démocratique de George Washington, et que crée le New York Philharmonic avec Rodzinski). À cela s'ajoutent le *4ᵉ Quatuor à cordes*, *Un survivant de Varsovie* et l'important *Trio à cordes*, commande d'Harvard. La santé de Schoenberg décline en 1944. Il lui reste le temps de donner quelques conférences à l'université de Chicago, d'enseigner à Santa Barbara et de mettre au point son recueil d'articles *Le Style et l'Idée*.

Tandis que Schoenberg quittait l'Europe, Kurt Weill (1900-1950) était encore en transit en France. L'année suivante, en 1935, il s'installe aux États-Unis. Sans perdre sa personnalité, Weill parvient, dès *Johnny Johnson*, son premier *musical*, à créer une couleur américaine. Mais ce seront surtout *Lady in the Dark* et *One Touch of Venus* qui lui permettront de triompher à Broadway. Autrichien, Ernst Křenek (1900-1991) attend l'Anschluss de 1938 pour émigrer aux États-Unis. Il enseigne à Boston, puis dans le Minnesota. Il continue d'explorer le langage dodécaphonique qu'il avait adopté en 1931, sous l'influence de Schoenberg, après avoir obtenu un triomphe avec son opéra mâtiné de jazz *Jonny spielt auf*. Après différents déplacements, Křenek se fixera en Californie. Pour d'autres, l'exil américain fut beaucoup plus difficile. En 1933, Alexander von Zemlinsky (1871-1942) a dû quitter Berlin, où il était chef d'orchestre, pour Vienne, sa ville natale. Mais lui aussi, en 1938, est contraint de s'exiler aux États-Unis. À Larchmont, près de New York, ses dernières années seront bien sombres. Zemlinsky abandonne l'orchestration de son opéra *Der König Kandaules*, dont on lui avait fait miroiter la représentation au Metropolitan Opera : la scène de nu qu'implique l'ouvrage le disqualifie en réalité des scènes américaines. Le musicien se lance dans un autre projet d'opéra, *Circe*, qui demeurera inachevé. Affaibli par une crise cardiaque, il rend une ultime visite à son beau-frère Arnold Schoenberg. L'une des dernières joies de Zemlinsky, fin 1940, est de voir exécuter sa *Sinfonietta* par Mitropoulos, à la tête du New York Philharmonic, lors d'un concert radiodiffusé par la NBC. Il meurt isolé et oublié de ses pairs, sans même que les journaux européens informent de son décès.

Le Français Darius Milhaud est quant à lui parti en 1940 pour les États-Unis – pays qu'il connaissait déjà bien. Comme Hindemith, il y mène une carrière de musicien établi, enseignant la composition au Mills College en Californie, et s'imposant comme un grand pédagogue. Il ne reviendra en France qu'en 1947, et retournera régulièrement aux États-Unis jusqu'en 1971 pour enseigner. Sa productivité ne diminue pas durant son exil. Il compose notamment son opéra *Bolivar*, sa *2e Symphonie*, que crée Koussevitzky à Boston, *La Muse ménagère*, sa *3e Symphonie* avec chœurs célébrant la fin de la guerre. Il enseigne au festival d'été de Tanglewood, retrouve Pierre Monteux, voit ses amis Stravinsky et Alexandre Tansman (exilé lui-même depuis 1941), fait connaissance avec Aaron Copland et Roger Sessions, qui devient un bon ami malgré leurs divergences esthétiques – tout cela apparaît dans les mémoires de Milhaud, *Ma vie heureuse*, dans lesquels il dresse un tableau vivant de sa vie aux États-Unis. Ernest Bloch (1880-1959) a lui aussi profondément marqué le paysage musical américain. Il avait déjà vécu aux États-Unis entre 1916 et 1930, dirigeant le nouveau Cleveland Institute of Music puis le conservatoire de San Francisco. De cette période date sa vaste « rhapsodie épique » *America*, en hommage à son pays d'accueil. Une partition puissante et irriguée de thèmes populaires évoquant l'époque des pionniers, la guerre de Sécession, puis l'année 1926 et l'avenir. En 1939, Bloch quittera à nouveau la Suisse pour les États-Unis. Il enseignera à l'université de Californie et finira ses jours dans l'Oregon.

LE SON D'HOLLYWOOD

Lui aussi est un juif exilé. L'Autrichien Erich Wolfgang Korngold (1897-1957) sera l'un des inventeurs de la musique de film hollywoodienne. À onze ou douze ans, il a suscité l'admiration incrédule de Mahler, Zemlinsky (son professeur), Strauss, Puccini et Sibelius, en composant des partitions luxuriantes dignes d'un grand maître (un ballet joué à l'Opéra de Vienne et une *Sonate pour piano* qu'Arthur Schnabel emportait dans ses tournées). Des pièces de musique de chambre, *Lieder* et opéras ont suivi, dont l'immense succès *Die tote Stadt* (*La Ville morte*) en 1920. Procédant de la continuité wagnérienne et de la virtuosité des poèmes symphoniques de Richard Strauss, la musique de Korngold est intensément lyrique et toujours parée d'une orchestration somptueuse. Le destin du compositeur se joue en 1934, lorsque le metteur en scène Max Reinhardt l'invite à Hollywood pour lui confier l'arrangement de la musique de son film *Le Songe d'une nuit d'été*. Alors que les nuages s'amoncellent au-dessus de l'Europe, Korngold choisit finalement de se fixer aux États-Unis, où il met son savoir-faire au service des studios de cinéma.

De ce côté-ci de l'Atlantique, le septième art est déjà devenu un spectacle populaire et lucratif. Des dizaines de films sont produits chaque année par les principaux studios d'Hollywood, Paramount Pictures, 20th Century Fox, Metro-Goldwyn-Mayer (MGM) et Warner Bros. Au sein d'une industrie très hiérarchisée, les compositeurs ne sont souvent que des artisans, issus de Broadway et du jazz, parfois de la musique savante, comme c'est le cas de Korngold. Jusqu'en 1946, le musicien compose plus de quinze partitions, dans lesquelles il conserve son style épique, notamment pour les films *Les Aventures de Robin des Bois* (ce qui lui vaut un Oscar, le premier attribué à un compositeur plutôt qu'à l'équipe musicale du film), *Crimes sans châtiments*, *L'Aigle des mers* et *Le Vaisseau fantôme*. Après guerre, Korngold demeure aux États-Unis et enrichit son catalogue de musique de concert. À son récent *Concerto pour violon*, encore au répertoire aujourd'hui, il ajoute un *Concerto pour violoncelle* et une vaste *Symphonie*.

La musique de cinéma hollywoodienne, avec ses accents héroïques, lyriques et sentimentaux, provient donc directement de la tradition wagnérienne et du postromantisme germanique. Elle use d'ailleurs abondamment du *Leitmotiv*, qui associe des thèmes musicaux aux principaux personnages, lieux ou sentiments de l'action, et les métamorphose sans cesse – la technique est cependant mise en œuvre de façon plus simple que dans les opéras de Wagner ou les poèmes symphoniques de Liszt et Strauss. Les compositeurs hollywoodiens les plus importants (et les mieux rémunérés) de cette première période sont sans conteste Korngold et Max Steiner (1888-1971) : ils fixent le « son » d'Hollywood, et ce faisant, contribuent grandement à l'imaginaire sonore américain. Filleul de Richard Strauss, élève de Mahler, Steiner est arrivé à New York en 1914. Il a été arrangeur et chef à Broadway (notamment pour *Lady Be Good* de Gershwin), avant de travailler pour Hollywood entre 1930 à 1965. On lui doit plus de deux-cent cinquante partitions, dont celles pour les films *King-Kong, Le Mouchard, Autant en emporte le vent, Casablanca* et *Le Rebelle*. Cité vingt-six fois aux Oscars de la meilleure musique de film, Steiner en remportera trois.

Après ces deux pionniers, les principaux compositeurs d'Hollywood se nomment Roy Webb (*Marty, Les Enchaînés*), Dimitri Tiomkin (d'origine russe, élève de Glazounov et de Busoni, on lui doit les partitions des *Canons de Navarone, Le Train sifflera trois fois* et *Le crime était presque parfait*), Friedrich Holländer (Allemand juif exilé, auteur des musiques de *L'Ange bleu* et *La Scandaleuse de Berlin*), Victor Young (*Rio Grande, Pour qui sonne le glas*), Alfred Newman (neuf Oscars, notamment pour *Tin Pan Alley* et *La Colline de l'adieu* ; on lui doit aussi la célèbre fanfare introduisant les films de la 20th Century Fox), Franz Waxman (Allemand juif exilé, neuf Oscars, auteur des musiques de *Rebecca* ou d'*Humoresque*), Bernard

Herrmann (*Citizen Kane*, *L'Homme qui en savait trop*, *Sueurs froides*, *Psychose*, *Taxi Driver*) et Elmer Bernstein (*Les Dix Commandements*, *Les Sept Mercenaires*).

On peut évoquer aussi le compositeur André Prévin (né en 1929), auteur de musiques de film (*Le Convoi maudit*, *Les Quatre Cavaliers de l'Apocalypse*) et d'adaptations de *musicals* pour le cinéma (*Kiss me Kate* d'après Cole Porter, *My Fair Lady* d'après Loewe). Allemand juif d'origine, Prévin s'exila en 1938 avec sa famille, d'abord à Paris, puis aux États-Unis. À la fois musicien classique et jazzman, compositeur, pianiste et chef d'orchestre, il a travaillé pour Broadway et Hollywood mais a beaucoup composé aussi pour le concert, en particulier de la musique de chambre et de la musique symphonique, auxquelles s'ajoutent deux opéras dont *A Streetcar Named Desire* (*Un tramway nommé Désir*) d'après Tennessee Williams, créé en 2008.

Dans les années 1970 et 1980, la relève des compositeurs du cinéma américain investit des styles plus variés que précédemment. Certains musiciens restent proches toutefois de la tradition définie quatre décennies auparavant par les Européens exilés. C'est le cas en particulier de John Williams (né en 1932), pilier d'Hollywood, dont les partitions flamboyantes (*Les Dents de la mer*, *Star Wars*, *Superman*, *E.T. l'extra-terrestre*, *Indiana Jones*, *Jurassic Park*, *La Liste de Schindler*, *Harry Potter*) perpétuent le style post-straussien de Korngold. Parmi beaucoup d'autres, citons enfin Jerry Goldsmith (*La Planète des singes, Alien, Basic instinct*), le Britannique John Barry (*James Bond, King-Kong, Out of Africa, Danse avec les loups*), Alan Silvestri (*Retour vers le futur, Abyss*) et Hans Zimmer (*Rain Man, Gladiator, Pirates des Caraïbes, Inception*).

LES EXPÉRIMENTATEURS :
D'EDGARD VARÈSE À HENRY COWELL

Si Charles Ives est l'expérimentateur le plus notable du Nouveau Monde jusqu'en 1927, d'autres que lui, sans avoir toujours connaissance de son travail, rompent les amarres avec la tradition. Parfois qualifiés d'« ultra-modernistes », ils ont pour nom Edgard Varèse, George Antheil, Harry Partch ou Henry Cowell, et mènent leurs expérimentations en même temps que sont actifs Virgil Thomson, Aaron Copland, Howard Hanson et Samuel Barber – le rappeler fait prendre la mesure des écarts esthétiques qui caractérisent la musique américaine du XXe siècle. Avant la « New York School » groupée autour de John Cage et avant les minimalistes, les compositeurs dont il va être question représentent une première avant-garde, informelle bien que certains partagent des affinités (trois d'entre eux sont influencés par leur professeur Charles Seeger (1886-1979),

musicologue et théoricien du « contrepoint dissonant »
vers 1918). Comme certains modernes européens, ils
abandonnent la tonalité et explorent la dissonance,
contestent les paramètres traditionnels, détournent ou
abandonnent les genres usités, inventent des manières
de jouer des instruments et cherchent à provoquer.
Leur quête radicale de renouveau les amène à imaginer
une nouvelle conception de la musique.

Musicien phare de la modernité du XXe siècle, le Français Edgard Varèse (1883-1965) a composé ses œuvres
les plus importantes en Amérique, tandis que triomphent
néoclassicisme et jazz symphonique. Élève de d'Indy et
Roussel à Paris, encouragé par Debussy, il se lie d'amitié avec Busoni à Berlin, puis se fixe aux États-Unis
entre 1915 à 1928 – Varèse est naturalisé américain en
1924. Sa première partition d'envergure est justement
Amériques, pour orchestre et sirène, créée à Philadelphie
en 1921 (non sans chahut dans la salle). Elle remet en
cause l'écriture classique et l'habituel développement, au
profit de l'exploration d'un nouvel ordre sonore. Son
intitulé revêt pour Varèse un double sens révélateur : « Je
ne considère pas le titre d'*Amériques* comme purement
géographique, mais comme symbole de découvertes – de
nouveaux mondes sur terre, dans le ciel, ou dans l'esprit
des hommes. » Cette même année, le musicien fonde
avec Carlos Salzédo l'International Composer's Guild
(avec pour devise : « Mourir est le privilège de ceux qui

sont épuisés. Les compositeurs d'aujourd'hui refusent de mourir »), puis deux ans après la Pan American Society of Composers. Ces organisations sont les premières aux États-Unis à se consacrer à la défense de la musique nouvelle (celles de Bartók, Berg, Cowell, Ives, Ravel, Schoenberg ou Stravinsky par exemple), leurs organisateurs récusant à la fois le néoclassicisme, le folklorisme et l'emploi du jazz, qu'ils considèrent démagogiques.

Dans les années 1920 se succèdent les chefs-d'œuvre de Varèse : *Offrande* pour soprano, orchestre de chambre et percussions, *Hyperprism* pour instruments à vent et percussions, *Octandre* et *Intégrales* pour petits ensembles, *Arcana* pour orchestre. Le compositeur mènera aussi des tentatives dans la musique électronique. De retour à New York en 1933, Varèse compose seulement *Ecuatorial* et *Density 21,5*. Il s'installe de nouveau en Europe en 1950. Quatre ans après a lieu à Paris le célèbre scandale de *Déserts*, œuvre dont les sections de bande magnétique utilisent des sons d'usines de Philadelphie. Varèse se fixe définitivement à New York en 1959. Il ne compose plus que le *Nocturnal* pour soprano, chœur d'hommes et petit ensemble, qu'achèvera l'un de ses élèves.

Autoproclamé « bad boy of music », George Antheil (1900-1959) est formé à Philadelphie et New York, notamment avec Ernest Bloch. Après avoir été un temps concertiste, il vit à Paris entre 1923 et 1933, à l'écoute de l'avant-garde et du jazz. Antheil y obtient un succès de scandale en 1926 avec son fameux *Ballet mécanique*, pour seize pianos mécaniques, percussions et hélice d'avion – un scandale réitéré l'année suivante à New York. Le « mauvais garçon » s'assagit toutefois. Son *2ᵉ Concerto pour piano* de 1927 est déjà plus proche du néoclassicisme que de l'esthétique mécaniste. De retour aux États-Unis, le style d'Antheil se fait plus traditionnel, sans devenir conventionnel pour autant – dans les deux dernières décennies de sa vie, le musicien travaillera d'ailleurs pour Hollywood, tout sauf un lieu d'expérimentation musicale. La *4ᵉ Symphonie* « 1942 », à la fois postromantique, éclectique et usant de thèmes folkloriques américains, est un bon exemple de cette deuxième période d'Antheil.

À l'opposé de cette personnalité flamboyante, Harry Partch (1901-1974) se définit comme un « musicien-philosophe attiré par la menuiserie » ! Vagabond une partie de son existence, compositeur autodidacte, Partch avait l'habitude d'accompagner sa déclamation d'instruments de son invention. Derrière le pittoresque du personnage se révèle une œuvre authentique, plus ou moins iconoclaste et moderniste, qui se rapproche tantôt du folklore, de la musique populaire ou de traditions extra-occidentales par son caractère rituel. Théoricien, Partch met au point une échelle divisant l'octave en quarante-trois intervalles, ce qui fait aussi de lui l'un des représentants de la microtonalité. Parmi son œuvre abondante, citons les *Lyrics of Li Po* pour voix et alto modifié, les *Ring about the Moon* pour voix et instruments et l'étonnant *Revelation in the Courthouse Park* pour seize voix, quatre récitants, chœur, danseurs et ensemble constitué notamment d'instruments modifiés.

On retient surtout Henry Cowell (1897-1965) comme le probable inventeur du cluster (« grappe » de notes obtenue au piano en jouant avec les poings ou les avant-bras). Il l'aurait introduit pour la première fois en 1912 dans *The Tides of Manaunaun*, où le halo du cluster nimbe un thème du folklore américain ; un demi-siècle plus tard, dans les *26 Simultaneous Mosaics*, le cluster est constitutif du discours musical. Mais il serait injuste de réduire Cowell à l'invention de cette technique ou à celle du *string piano*, qui consiste à solliciter directement les cordes de l'instrument. Marqué par son professeur Charles Seeger, Cowell a en réalité expérimenté tous azimuts, ce qui rend sa production inclassable. S'y côtoient postromantisme, chromatisme, polytonalité, atonalité, modes de jeu novateurs, semi-improvisation, collages thématiques, matériaux populaires, constructions rythmiques complexes, instruments inusités, références aux cultures orientales... Cowell se faisait une gloire de ne pas posséder de style aisément reconnaissable.

En 1927, il crée la New Music Society, qui vise à publier des œuvres « non commerciales et de valeur artistique », signées Carl Ruggles, Ruth Crawford, Schoenberg ou Ives (qui soutient financièrement l'entreprise). Cowell sera peu après emprisonné quatre ans pour homosexualité. Son catalogue d'un millier d'opus comprend vingt symphonies, cinq quatuors à cordes (dont le troisième, *Mosaic Quartet*, est le plus notable), deux cents pièces pour piano et un bon nombre de concertos : pour rhythmicon (instrument électronique inventé par Cowell avec Léon Theremine), pour percussion, pour accordéon, pour harmonica, pour koto et enfin pour harpe. Ses *Hymns and Fuguing Tunes* comptent parmi ses œuvres les plus attachantes. Écrites entre 1944 et 1964 pour diverses formations, elles s'appuient sur le fonds des *Tune book compilers* de la fin du XVIIIe siècle, tels William Billings.

Parmi ces expérimentateurs « ultra-modernistes » méritent enfin de figurer Carl Ruggles (1876-1971) et Ruth Crawford (1901-1953). Du catalogue restreint du premier se détachent *Vox Clamans in deserto* pour voix et ensemble, et surtout ses pièces d'orchestre *Men and Mountains* au début des années 1920 et *Organum* en 1947. Élève de John Knowles Paine et de Seeger à l'université de Californie, ami d'Ives et de Cowell, Ruggles use d'un langage dissonant et expressionniste dont les convulsions sensuelles rappellent fortement

Alban Berg. Ruth Crawford (ou Crawford Seeger après son mariage avec son professeur) est l'auteur de quelques partitions de chambre, dont le *Quatuor à cordes* « 1931 » est l'une des belles réalisations américaines du genre. Sa production est influencée par Scriabine et Schoenberg mais aussi par Cowell et Dane Rudhyar (Français immigré aux États-Unis comme son nom d'emprunt ne l'indique pas). À partir du milieu des années 1930, elle se consacre à l'étude de la musique folklorique de son pays.

DU NÉOCLASSICISME AU MODERNISME : LUKAS FOSS ET ELLIOTT CARTER

Lukas Foss (1922-2009) a oscillé entre deux pôles opposés. Formé à Berlin puis au Conservatoire de Paris, Foss s'exile enfant aux États-Unis avec sa famille. Il étudie au Curtis Institute avec Randall Thompson et Fritz Reiner (de cette période date son amitié avec Bernstein), puis à Yale University avec Paul Hindemith. La première période de sa production est néoclassique, avec en 1944 sa *1re Symphonie* et *The Prairie*, pour solistes, chœur et orchestre, qui célèbre l'Americana dans un style voisin de celui de Copland, sur des poèmes de Sandburg. D'écriture plus complexe, suivent le *2e Concerto pour piano*, qui obtient un beau succès, et la *Symphony of Chorales*, inspirée de Bach.

Lauréat du Rome Prize en 1950, Foss est nommé professeur à l'université de Californie à son retour d'Italie. Il y fonde en 1957 l'Improvisation Chamber Ensemble, ce qui ouvre sa période expérimentale. Pour redéfinir les rapports entre interprètes, musique et public, Foss utilise l'improvisation contrôlée et les formes ouvertes, dans un langage sériel libre. Son *Time Cycle* pour soprano et orchestre, avec interludes improvisés, est l'une des puissantes partitions de cette époque. Le musicien s'essaye aussi à l'électronique, par exemple dans *Ni bruit, ni vitesse* avec deux pianos. Bien qu'atonal, son *3ᵉ Quatuor à cordes* de 1975 relève du minimalisme par son traitement répétitif des motifs. À partir des années 1980, Foss retourne à une écriture et des genres traditionnels, de style néo-classique, même si des éléments de sa deuxième période demeurent présents – ce revirement s'inscrit dans la remise en cause postmoderne des avant-gardes. Il compose alors ses troisième et quatrième *Symphonies*, l'énigmatique et touchante *Elegy for Anne Frank* pour piano et orchestre et les *Three American Pieces* pour violon, flûte et orchestre, qui renouent avec l'Americana de ses débuts.

Le parcours d'Elliott Carter (1908-2012) n'est d'abord pas éloigné de celui de Lukas Foss – le retour au néo-classicisme en moins par la suite, ce qui fait toute la différence. Au cours de la deuxième moitié du XXᵉ siècle, Carter deviendra l'un des plus grands représentants du modernisme musical. Il avait côtoyé Ives à fin des années 1920, puis été l'élève de Piston et de Nadia Boulanger, qui eut sur lui une profonde influence. Son premier style est néoclassique, assez voisin de celui de Harris ou de Copland, qui le soutient. De 1942 date une *1ʳᵉ Symphonie* tout ce qu'il y a de plus yankee, qu'Howard Hanson crée avec son Eastman Rochester Orchestra. Influencé par Ives, Cowell et Bartók, Carter expérimente davantage dans sa *Sonate pour violoncelle* de 1950 puis son *1ᵉʳ Quatuor à cordes*, dont la complexité rythmique annonce le principe de « modulation métrique » qu'il emploiera par la suite. Désormais atonal, le langage de Carter est d'une exigence qui n'a rien à envier à l'avant-garde européenne, sans reposer toutefois sur des procédures sérielles. Des *Variations pour orchestre* de 1956 aux *Dialogues II* de 2012, en passant par le *Concerto pour piano*, le *Double concerto pour clavecin, piano et deux orchestres de chambre* ou la *Symphony of Three Orchestras* – ses partitions les plus connues –, Carter fait figure d'indépendant, mais s'impose selon certains comme le plus grand compositeur américain depuis Copland.

LA SÉRIE AMÉRICAINE

Le tempérament tonal des Américains ne les a pas massivement portés vers la technique sérielle, mais penser que celle-ci ne s'est pas implantée aux États-Unis serait une erreur. Autour de 1930, les concerts d'avant-garde introduisent les premières œuvres dodécaphoniques des trois Viennois, Schoenberg, Berg et Webern. L'exil de Schoenberg en Amérique, en 1934, favorise naturellement la familiarisation des Américains avec la série, même si son enseignement n'a pas le rayonnement de ceux de Nadia Boulanger et de Paul Hindemith, tournés vers le néoclassicisme. On peut dire cependant qu'au milieu du siècle, la technique dodécaphonique est, sinon assimilée, du moins bien connue des Américains, d'autant que l'ouvrage de Schoenberg *Le Style et l'Idée*, qui en traite largement, est traduit et publié en 1950.

Outre Schoenberg, ses disciples européens Ernst Křenek et Stefan Wolpe, également exilés, pratiquent le dodécaphonisme. Contre toute attente, leur aîné Igor Stravinsky s'y convertit lui-même en 1952, après avoir livré son dernier opus néoclassique, l'opéra *The Rake's Progress*. Toute son œuvre sera désormais sérielle, d'*Agon* aux *Requiem Canticles*. Quelques Américains natifs adoptent aussi la technique, pour la plupart librement et sans en faire le principe exclusif de leur langage, c'est-à-dire en la combinant avec une tonalité élargie. Certains continuent même de composer en parallèle dans un style tonal non dodécaphonique, à l'instar de Schoenberg lui-même avec sa *Suite* pour orchestre, lorsqu'il débarque en Amérique. Aux États-Unis comme ailleurs, il y a autant de rapport à la série que de compositeurs à l'utiliser. Mais ce qui caractérise le dodécaphonisme américain est certainement son anti-dogmatisme.

L'un des premiers natifs à recourir à la série, dès 1932, est Wallingford Riegger (1885-1961), proche d'Ives et de Cowell (avec Ruggles et John J. Becker, ils forment les « American Five », groupe revendiquant un modernisme en opposition à la tradition européenne). Les autres dodécaphonistes, plus ou moins pratiquants, sont Adolph Weiss (1891-1971), qui étudia avec Schoenberg à Berlin, Harrison Kerr (1897-1978) et Ross Lee Finney (1906-1997), qui fut l'élève d'Alban Berg et de Nadia Boulanger en Europe. Dans la génération suivante, citons Wayne Barlow (1912-1996), un élève de Schoenberg, George Perle (1915-2009), surtout connu aujourd'hui comme théoricien, Ben Weber (1916-1979), Ellis Kohs (1916-2000), Lou Harrison (1917-2003), un élève de Cowell et de Schoenberg, George Rochberg (1918-2005), Leon Kirchner (1919-2009), un élève de Schoenberg, Bloch et Sessions.

On a déjà évoqué les incursions dodécaphoniques, dans les années 1950 à 1970, de Roger Sessions (à partir de la *Sonate pour violon*), Walter Piston (dans la *1re Symphonie*, dans la *6e* et surtout la *8e*), Aaron Copland (dans le *Quatuor avec piano* et les *Connotations*) et Lukas Foss. Plus anecdotique, Samuel Barber utilise la série pour ordonner le mouvement lent de sa *Sonate*, et Menotti pour symboliser la brutalité de la civilisation contemporaine dans son opéra-bouffe *Le Dernier Sauvage* (destiné à l'Opéra-Comique de Paris en 1963). Manière de critiquer implicitement la technique dodécaphonique tout en exploitant son potentiel expressif.

Chez Bernstein aussi, la série apparaît comme un moyen expressif dont l'usage programmatique n'est pas dénué de sous-entendus – l'auteur de *West Side Story* nourrit peu d'affection pour la musique atonale. Dans la section « The Dirge » de sa *2e Symphonie « The Age of Anxiety »*, la question du sens de l'existence est posée. La série permet de créer un climat d'angoisse, que le jazz libérateur du mouvement suivant vient contredire. Dans sa *3e Symphonie « Kaddish »* également, Bernstein traduit au moyen d'un dodécaphonisme violent la colère de l'homme lorsqu'il s'adresse à Dieu ; un langage tonal apaisé lui succède pour symboliser la sérénité retrouvée.

Il n'y a guère que Milton Babbitt (1916-2011), élève de Sessions, pour employer la série d'une manière radicale durant toute sa carrière, ce à quoi le porte son goût pour l'abstraction et les mathématiques, qu'il a enseignés à haut niveau. Également théoricien, Babbitt joue un rôle important comme professeur à Princeton puis à la Juilliard School. Stephen Sondheim est son élève en privé, ce qui peut surprendre. Mais rappelons qu'un cérébral comme Babbitt, à qui l'on doit l'une des musiques les plus exigeantes d'Amérique, fut aussi le compositeur d'un *musical* en 1946. *Fabulous Voyage*, d'après l'Odyssée d'Homère, n'a cependant jamais été monté. On ignore si l'*entertainment* y a beaucoup perdu, même si les *Three Theatrical Songs* issus de l'ouvrage en 1981 relèvent effectivement du plus pur style de Broadway. L'anecdote, quoi qu'il en soit, illustre bien la décontraction des Américains face à la question des frontières entre les genres.

Autre preuve, d'ailleurs, de la fusion rêvée et bien américaine du sérieux et du populaire, la naissance du *Third Stream* – auquel Babbitt prendra part. Le « Troisième courant » est théorisé en 1957 par le jazz-man Gunther Schuller (né en 1925). La fécondation mutuelle de la musique savante et du jazz doit mener selon lui à un nouveau genre. Le *Third Stream* prend racine en réalité dans l'entre-deux-guerres (*Dance of the Octopus* de Red Norvo, *Summer Sequence* de

Ralph Burns), sans référence toutefois au jazz symphonique des années 1920, grand public et n'incluant jamais l'improvisation. De cette tentative, il résulte un jazz écrit et intellectuel, conjuguant les formes de la musique sérieuse à la vivacité rythmique et aux sonorités du jazz. Ses représentants aux États-Unis s'appellent Bill Russo, Don Ellis, Anthony Braxton, Steve Lacy, Dave Douglas, mais aussi Milton Babbitt (avec *All Set* en 1957) et bien sûr Gunther Schuller lui-même (*Transformation*, *Concertino* et *Variants for Jazz Quartet and Orchestra*, autour de 1960).

Sans appartenir à ce courant, Conlon Nancarrow (1912-1997) s'imposera avec ses *Studies for Player Piano*, entre « faux » boogie-woogie et échafaudages contrapuntiques abstraits. Écrites entre 1949 et 1993, ces pièces de plus en plus expérimentales, d'une complexité rythmique et d'une virtuosité extrêmes, sont confiées à des pianos mécaniques – le Hongrois György Ligeti en sera particulièrement inspiré. Élève de Piston et de Sessions, Nancarrow n'accède à la notoriété que dans les années 1960. Il demeure isolé au Mexique depuis son retour, où il s'était engagé dans la guerre civile, contre les armées du général Franco. On lui doit aussi trois quatuors à cordes ou deux trios.

RÉINVENTER L'IDÉE DE LA MUSIQUE :
GEORGE CRUMB ET JOHN CAGE

Des avant-gardes américaines vont radicalement remettre en cause les fondements de la tradition occidentale, ses techniques, ses valeurs rationnelles, ses rituels et sa sacralisation de la notion d'œuvre – au sens d'une production créée par un génie solitaire et figée dans son intouchable perfection. S'inscrivant dans la lignée d'Ives et de Cowell en particulier, et avec un certain sens du happening, elles ont pour point commun de refuser l'alternative entre tonalité et sérialisme (tout comme les emprunts au jazz ou à tout particularisme folklorisant), de réinventer l'instrument, d'accorder leurs rôles au silence et à une spiritualité inspirée des cultures extra-occidentales. Dans la seconde moitié du XXe siècle, George Crumb (né en 1929) bâtit ainsi une œuvre onirique, panthéiste et en quête de la puissance magique de la musique. Élève de Boris Blacher à Berlin et de Ross Lee Finney, Crumb a commencé par un pointillisme wébernien dont il conservera toujours l'ascèse. Ses pièces, la plupart pour petits effectifs, s'inspirent du surréalisme intense de García Lorca (*Ancient Voices of Children* notamment), des éléments naturels (*Vox balaenae* de 1971, où flûte, violoncelle et piano figurent le chant de la baleine et le cri de mouettes) ou de l'Orient (*Lux Aeterna for Five Masked Musicians*).

L'univers poétique et méditatif de Crumb repose sur des instruments ou des modes de jeu inaccoutumés, ainsi que sur la mise en valeur de sonorités résonantes (des cloches sont souvent présentes dans ses œuvres). Le compositeur joue aussi d'effets de citations musicales (référence à Bach dans *Music for a Summer Evening* en 1974), de pastiches, ou d'irruptions de micro-événements (le chant « lunaire » à la fin de *Night of the Four Moons*, saisissant) et réclame une certaine théâtralité de la part de ses interprètes. Ses œuvres les plus estimées sont le quatuor à cordes électrique *Black Angels (Thirteen Images from the Dark Land)* de 1970, allégorie de la guerre du Vietnam, *Echoes of Time and the River* de 1967, l'une des trois pièces pour orchestre du musicien, et les quatre recueils *Makrokosmos*, pour piano(s) amplifié(s) et percussions, écrits entre 1972 et 1979. La plus vaste partition de Crumb est sa parabole biblique *Star-Child*, pour soprano, voix d'enfants, chœur d'hommes parlant, cloches et orchestre, qu'a créée Pierre Boulez à la tête du New York Philharmonic en 1977.

Mais l'avant-garde américaine la plus radicale du XXe siècle est celle représentée par John Cage (1912-1992) et la « New York School ». Cage a étudié avec Cowell et Schoenberg, qui l'a profondément marqué. Après quelques essais dodécaphoniques, il cherche pourtant une nouvelle voie. Pour une troupe de danseurs, il invente le « piano préparé » à la fin des années 1930 : l'insertion d'objets entre les cordes de l'instrument (vis, clou, boulon, morceaux de cartons ou d'étoffe, gommes...) lui permet de varier ses timbres et de produire des effets percussifs. *The Perilous Night* et *A Book of Music* résultent de ces premières expérimentations. Cage se penche aussi sur les musiques extra-occidentales, en particulier indiennes. Les *Sonatas and Interludes* pour piano préparé, en 1949, et peu après le *Concerto* pour piano préparé, illustrent ces préoccupations.

Ce sont alors les débuts de la « New York School », qui jusqu'au début des années 1960 environ regroupe peintres, compositeurs, danseurs, poètes et critiques, désireux de redéfinir ensemble les périmètres de leurs arts. Autour de Cage se réunissent les compositeurs Morton Feldman (1926-1987), Earle Brown (1926-2002), Christian Wolff (né en 1934) et David Tudor (1926-1996) – mais d'autres encore, Varèse et Stefan Wolpe jouant d'ailleurs les mentors. Les échanges de Cage avec Feldman le conduisent à la conviction qu'il faut « laisser les sons être eux-mêmes », c'est-à-dire réduire le rôle de la volonté du compositeur dans le processus de création. Il introduit donc le hasard et l'indétermination dans son écriture, à travers ce qu'il nomme des *chance operations* : « Ma musique est écrite non pas par moi, mais par Dieu, peut ainsi affirmer Cage. Je doute que Dieu, en admettant qu'il existe, prendrait la peine d'écrire ma musique. » En 1951, les recueils pour piano *Music of changes* sont le fruit de ces opérations de hasard, mises en œuvre avec le manuel chinois du *Yi King*.

L'année suivante, les réflexions de Cage sur le silence arrivent à maturité. Il livre *4'33*, sa création la plus fameuse, la plus controversée aussi ; durant les trois mouvements de la partition, l'interprète demeure silencieux et laisse les bruits de la salle accéder au statut de musique. Entre 1954 et 1958, le compositeur intervient aux cours d'été de Darmstadt, en Allemagne, lieu d'ancrage de l'avant-garde européenne. Même si ses points de vue y apparaissent iconoclastes, ils mèneront à des remises en question – la pensée de Cage marquera des compositeurs européens comme Sylvano Bussotti, Franco Donatoni, Mauricio Kagel, Luciano Berio et Bruno Maderna.

Dans le *Concert* pour piano et orchestre, Cage poursuit son travail sur l'indétermination et s'intéresse à la notation musicale. À partir de 1958, ses cahiers de *Variations* poursuivront dans cette voie (les partitions des *Variations I* et *Variations II* consistent en des jeux de feuillets transparents, sur lesquels figurent portées et notes, et dont l'agencement est laissé à la discrétion de l'interprète). Son ouvrage *Silence : Lectures and Writings* est publié en 1961. Cage est une célébrité mondiale. Il compose moins, mais donne encore sa *Cheap Imitation*, un hommage à Satie, dont l'œuvre l'a particulièrement marqué – depuis Virgil Thomson, le musicien des *Gymnopédies* est une influence revendiquée par de nombreux Américains. Suivent les *Freeman Etudes* pour violon et *Apartment House 1776*, qui célèbre le bicentenaire de l'indépendance des États-Unis, commande conjointe des orchestres de Boston, Chicago, Cleveland, Los Angeles, New York et Philadelphie. Entre 1987 et sa mort, Cage composera également une série de cinq opéras intitulés *Europera*.

MINIMALISMES : STEVE REICH, PHILIP GLASS ET JOHN ADAMS

Une autre avant-garde, dite minimaliste, émerge dans les années 1960, à la fois dans la contreculture californienne et sur la scène *downtown* de Manhattan. Adossée à un courant pictural qui réagit à l'abstraction, elle s'oppose autant à l'intellect du sérialisme européen qu'aux concepts indéterministes de John Cage. Le minimalisme musical est ainsi nommé car, dans un premier temps du moins, il repose sur un principe de répétition d'un matériau simple (on parle aussi en France de « musique répétitive »). Contrairement à la plupart des esthétiques atonales de l'époque, la musique minimaliste est pulsée, son discours est continu et repose sur un langage tonal (ce terme étant entendu au sens large, incluant la modalité).

Morton Feldman, avec sa *Piece for Four Pianos* notamment, fait le lien entre la New York School et le minimalisme. La Monte Young (né en 1935) lui-même, pionnier du minimalisme, a un temps appartenu à la New York School. L'autre initiateur du minimalisme est Terry Riley (né en 1935), et ses principaux représentants sont Philip Glass (né en 1937), Steve Reich (né en 1936) et John Adams (né en 1947), ce dernier se distinguant des deux précédents par un style lyrique opulent, comme on va le voir. Mais bien d'autres compositeurs, même si leurs démarches sont variées, appartiennent à l'école minimaliste : citons Moondog (1916-1999), Frederic Rzewski (né en 1938), Charlemagne Palestine (né en 1947), Rhys Chatham (né en 1951), Richard Einhorn (1952), Michael Gordon (né en 1957), le Franco-Américain Tom Johnson (1939), ou les Britanniques Michael Nyman (né en 1944) et Howard Skempton (né en 1947).

La plupart sont marqués par le Satie des *Gnossiennes* et des *Vexations* (que Cage avait déjà redécouvertes en 1949) et par les rythmes des musiques extra-occidentales (africaines et balinaises en particulier, celles-ci ayant déjà inspiré Colin McPhee). Tous ces musiciens souhaitent renouer le lien avec le public en lui proposant une esthétique aisément accessible. De fait, leurs œuvres seront parmi les plus diffusées de la musique savante des XXe et XXIe siècles, souvent reprises par le cinéma ou la publicité, ce qui ne fera qu'accentuer leur notoriété (de même que le rapprochement de certains compositeurs, Glass en particulier, avec la scène pop ou rock).

Deux œuvres dépouillées, en 1958 et 1964, posent les fondements du minimalisme musical. Le *Trio for Strings* de La Monte Young d'abord, au vocabulaire encore sériel (Young a étudié avec Stockhausen), mais dont l'écriture met l'accent sur la répétition des motifs et le statisme harmonique. *In C* de Terry Riley ensuite, qui, dans la lignée de Cage, accorde aux interprètes une certaine liberté, mais revendique un langage tonal (« En *do* ») et repose sur la répétition de motifs. De ces pièces, Steve Reich et Philip Glass reprennent certaines caractéristiques, en y ajoutant la volonté de rendre plus audibles les processus évolutifs du déploiement de l'écriture.

Steve Reich, qui a lui-même interprété *In C* avec Riley, s'engage en 1965 dans un travail sur la répétition de motifs. Ses premières pièces *It's Gonna Rain* et *Come Out* énoncent en boucle des fragments de phrases parlées. Le musicien vient d'inventer le principe du « phasing » (ou « minimalisme de phase »), sur lequel sera fondée sa production jusqu'en 1972 : la superposition sur lui-même d'un motif rythmique, avec décalage progressif de l'une des voix, générant des structures rythmiques mouvantes. L'exemple le plus simple de cette technique est celui de la *Clapping Music,* dans laquelle deux personnes frappent une même cellule rythmique dans leurs mains, en se déphasant peu à peu. D'après ce principe, Reich compose *Piano Phase* et *Violin Phase*, puis *Drumming*, point culminant de cette période. Il se lance ensuite dans des partitions plus ambitieuses et aux effectifs plus importants, de *Music for 18 Musicians* en 1976, l'un de ses chefs-d'œuvre, jusqu'à *Music for a Large Ensemble, Tehillim* (fondé sur des mélodies hébraïques) et *The Desert Music* en 1986.

Après un retour à de plus petits effectifs (*Sextet, New York Counterpoint*), Reich compose *Different Trains*, l'une de ses créations les plus fortes, autant musicalement que par le sujet qu'elle traite. L'œuvre s'inspire des voyages ferroviaires qu'effectuait le jeune Reich entre Los Angeles et New York, autour de 1940, pour rejoindre ses parents séparés ; le compositeur se rappelle surtout qu'à la même époque, des « trains différents », en Europe ceux-là, emmenaient d'autres enfants juifs vers la mort. Une bande magnétique préenregistrée fait entendre des trains en marche ainsi que des témoignages d'un ancien agent des wagons-lits et de deux survivants de l'Holocauste. La nouveauté de la partition réside dans son usage de la *Speech melody*, technique qui consiste à faire reprendre aux instruments (un quatuor à cordes en l'occurrence) les motifs mélodiques produits par les intonations de voix parlées. Associée à la répétition inhérente au minimalisme, le procédé crée un effet proprement fascinant. Reich le réutilisera, par exemple dans son premier opéra, *The Cave*, déjà abordé. Parmi les plus notables partitions du compositeur depuis lors, *City Life* en 1995, *WTC 9/11*, qui reprend le principe de *Different Trains* sur le sujet des attentats du World Trade Center de 2001, et *Radio Rewrite* en 2013, qui s'inspire de chansons du groupe de rock Radiohead.

UNE MUSIQUE NAÏVE ET SENTIMENTALE ?

Après plusieurs essais d'étudiant, le *1ᵉʳ Quatuor à cordes* de Philip Glass révèle en 1966 des préoccupations proches du minimalisme, malgré son langage encore chromatique. Le style du compositeur se développe dans des pièces toutes destinées au Philip Glass Ensemble, pour arriver à maturité en 1970 dans *Music with Changing Parts*, et surtout dans *Music in Twelve*

Parts quatre ans après. La rencontre de Glass avec le metteur en scène Bob Wilson l'engage sur la voix de l'opéra, genre dans lequel il deviendra l'une des figures marquantes de son époque.

Il faut remarquer que l'année 1976 est à la fois celle de la *Music for 18 musicians* de Reich et d'*Einstein on the Beach* de Glass. Tournant symbolique. Ces deux œuvres majeures ne répondent plus guère à la définition originelle du « minimalisme » : les principes de répétition, de pulsation et de tonalité sont toujours moteurs, mais les formes se sont étendues, les timbres diversifiés, l'harmonie et la mélodie enrichies, jusqu'à un foisonnement inimaginable dix ans auparavant. Le courant minimaliste n'a jamais si mal porté son nom, mais le terme restera d'usage par commodité. On le remarque aussi dans la musique instrumentale que compose Glass : cinq quatuors à cordes et une dizaine de concertos depuis 1981, dix symphonies depuis 1992, nombre de partitions de chambre et de musiques de film. Le célèbre *Concerto pour violon* de 1987 et la puissante *8ᵉ Symphonie* de 2005 sont de bons exemples du développement du compositeur.

Quant au minimalisme de John Adams, il semble prendre directement comme point de départ le point d'évolution où sont parvenus Reich et Glass à la même époque (cela peut s'expliquer par le fait qu'Adams est de dix ans leur cadet, qu'il lui a été moins nécessaire qu'à eux de s'opposer à l'avant-garde atonale et qu'il est enfin celui des trois possédant le métier musical le plus sûr). La principale caractéristique de l'œuvre d'Adams est en effet d'assumer une richesse harmonique et un lyrisme qui plongent leurs racines dans la tradition européenne romantique et postromantique. Après *Phrygian Gates* et *Shaker Loops*, le compositeur livre *Harmonium* en 1981. Écrite pour chœur et orchestre, la partition impressionne par son symphonisme dense et élaboré. Cette capacité à adapter les procédures de la musique minimaliste au grand orchestre sera la marque d'Adams – certains parlent de « post-minimalisme » pour distinguer ce style opulent, sensuel même, du minimalisme pratiqué par Glass et Reich jusqu'au milieu des années 1970. Suivent *Pianola Music* puis *Harmonielehre* en 1985, partition de vastes dimensions elle aussi, fondée sur un principe d'allusions harmoniques à Wagner, Mahler, Schoenberg ou Sibelius. C'est l'époque où Adams commence à composer pour l'opéra.

Après *Fearful Symmetries* et *The Wound-Dresser*, sur des poèmes de Walt Whitman, la *Chamber Symphony* de 1992 fait de nouveau référence, par son titre et sa facture, à Schoenberg, figure de répulsion-adoration pour le minimaliste néoromantique qu'est Adams. Tout en conservant un style accessible, le compositeur accentue encore le chromatisme, la complexité harmonique et la richesse de texture de son écriture. En 1998, le titre de sa *Naïve and Sentimental Music* n'est pas qu'une allusion à l'essai de Friedrich von Schiller, mais probablement aussi une interrogation (ou une profession de foi ?) concernant le statut de l'émotion dans la musique contemporaine. Commande du New York Philharmonic, *On the Transmigration of Souls* est composé immédiatement après les attentats du 11 septembre 2001, pour célébrer la mémoire de leurs victimes. Parmi les dernières œuvres d'Adams, la symphonie *City Noir* en 2009, et l'oratorio *The Passion According to the Other Mary* en 2012.

« WHAT MAKES AMERICAN MUSIC SOUND AMERICAN ? »

Le « post-minimalisme » de John Adams est une réponse au premier minimalisme. Même si ces courants dominent la musique contemporaine américaine depuis les années 1970, d'autres existent. On pourrait citer l'expérimentalisme de Roger Reynolds (né en 1934), qui s'inscrit à la suite de Varèse et Cage, le langage tonal hétéroclite de Paul Chihara et William Bolcom (nés en 1938), dont les débuts furent sériels, l'idiome issu de processus informatiques de Charles Dodge (né en 1942), ou le néoromantisme de John Corigliano (1938), Christopher Rouse (1949) et

Aaron Jay Kernis (1960), qui répondent aux avant-gardes atonales en associant une tonalité sentimentaliste à des techniques d'écriture modernes. Meredith Monk (née en 1942) et Libby Larsen (née en 1950) développent un langage éclectique, et Laurie Anderson (née en 1947) expérimente tous azimuts, de même que John Zorn (né en 1953), à la croisée des genres savants et populaires. Soutenu par Philip Glass, leur cadet Nico Muhly (né en 1981), souvent proche du folk ou du rock, propose ce que l'on osera qualifier de néominimalisme – même si ces épithètes commodes n'engagent que ceux qui les forgent *ad nauseam*! Depuis la disparition de la *Second New England School*, peu originale mais marquant l'arrivée à maturité de la musique américaine, celle-ci n'a cessé en réalité de témoigner d'une telle pluralité, plus intense certainement que dans aucun autre pays, ce qui s'explique par l'étendue des États-Unis et par la diversité des origines de leur musique.

Dans un enthousiasme quelque peu désordonné, Virgil Thomson écrivait ainsi en 1963 : « Les citoyens américains composent de la musique dans tous les styles connus. [...] De l'éclectisme postromantique de Howard Hanson et de l'expressionisme néoclassique d'Edward Burlingame Hill et de John Alden Carpenter, le néoclassicisme de Walter Piston, le néoclassicisme romantisé de Roy Harris et de William Schuman, l'élégant néoromantisme de Samuel Barber, le néo-romantisme sentimental de Douglas Moore, de Randall Thompson et de Henry Cowell, le modernisme germano-éclectique de Roger Sessions, le polytonalisme néo-primitif de Charles Ives, et le chromatisme extatique de Ruggles, jusqu'aux recherches de percussions et de rythmes d'Edgard Varèse et de John Cage, nous avons tout ! Nous avons aussi, ou du moins, nous avions jusqu'à ces derniers temps, les célèbres atonalistes Schoenberg et Křenek, et les maîtres néoclassiques Stravinsky et Hindemith. De plus, nous avons une gloire nationale en la personne d'Aaron Copland, qui combine si habilement, à la manière de Bartók, le sentiment populaire et les techniques néoclassiques dont souvent les étrangers ne se rendent pas compte qu'il s'agit d'une musique américaine. Et pourtant, toute cette musique est américaine, parce qu'elle est faite par des Américains. [...] Bien qu'il n'y ait pas de style dominant dans la musique américaine, il existe, vu de loin (d'Europe par exemple), une école américaine. » On ne peut que donner raison à Thomson. Quoi de commun, pour prolonger son propos en comparant des œuvres datant de mêmes époques, entre le *Concerto pour piano* de Gershwin et *Intégrales* de Varèse, entre la *3ᵉ Symphonie* d'Hanson et la *2ᵉ* de Cowell, entre *Knoxville, Summer of 1915* de Barber et *Organum* de Ruggles, entre la *3ᵉ Sym-*

phonie « Kaddish » de Bernstein et les *Variations III* de Cage, entre *Music for 18 Musicians* de Reich et *Star-Child* de Crumb ? Rien ou presque. Et malgré cela, nul ne contesterait qu'il existe bel et bien une musique américaine.

Bernstein avait choisi de lui consacrer le deuxième de ses *Young People's Concerts*, le 1ᵉʳ février 1958, au Carnegie Hall de New York – la première séance portait sur le sens même de la musique. Dès le début de son exposé, le compositeur s'interrogeait : « Qu'est-ce qui explique que la musique américaine sonne américaine ? » Avec un art consommé de la vulgarisation, Bernstein convoquait d'abord *Un Américain à Paris* de Gershwin, *Melpomene* de Chadwick (exemple de musique néo-germanique), la *9ᵉ Symphonie* « du Nouveau Monde » de Dvořák, l'*Indian Suite* de MacDowell et *The Dance in Place Congo* de Gilbert. Insistant sur le rôle du jazz dans l'invention d'un américanisme musical, il invitait son auditoire à frapper dans ses mains des rythmes syncopés, pour lui prouver que des particularismes issus du jazz irriguèrent des pièces sans lien direct avec lui, l'un des *Choral Preludes* pour orgue de Sessions par exemple. L'*American Festival Overture* de Schuman illustrait ensuite la vigueur naturelle de la musique américaine, la *3ᵉ Symphonie* de Harris l'imaginaire des pionniers dont elle est porteuse, *Billy the Kid* de Copland l'Americana, la

2ᵉ Symphonie de Randall Thompson et *The Mother of Us All* de Virgil Thomson le sentiment rural, « naïf et sentimental », disait même Bernstein, provenant de la tradition des hymnes du XVIIIᵉ siècle. Après avoir expliqué que l'immigration variée qu'avaient accueillie les États-Unis produisit un *melting-pot* musical sans égal, Bernstein pouvait conclure : « Notre meilleure qualité, c'est peut-être notre éclectisme. » Il laissait place enfin, sur le podium, à Aaron Copland, « doyen de la musique américaine » venu en *special guest* pour diriger le dernier mouvement de sa *3ᵉ Symphonie*, synthèse de toutes les valeurs musicales américaines évoquées précédemment. La démonstration, même simplifiée pour les besoins de la cause, était lumineuse.

Les raisons permettant d'expliquer que « la musique américaine sonne américaine » sont aussi nombreuses que complexes – et l'on ne prétend pas les avoir totalement éclairées, ni le faire en conclusion de ce panorama. Mais rappelons en substance que les hymnes et les pièces des *Tune book compilers* marquèrent durablement la musique américaine d'un diatonisme tendre, que l'influence mêlée du blues, des negro spirituals, des chansons de cow-boys et des *square dances* lui apportèrent leurs couleurs caractéristiques, que l'impressionnisme, le néoclassicisme puis un certain expérimentalisme européens la libérèrent des cadres du romantisme germanique, que le ragtime puis le jazz imprimèrent leur marque sur ses rythmes et son harmonie. La venue de compositeurs européens (Varèse par exemple, puis tous les exilés fuyant les totalitarismes) dynamisent certainement la vie musicale des États-Unis ; mais, alors que la grande problématique des Américains est de trouver leur identité musicale, la relation avec l'Europe, d'abord de subordination, devient peu à peu un rapport d'égalité. Car finalement, pour que « la musique américaine sonne américaine », il aura fallu d'abord qu'elle cesse de « sonner européenne ».

Un attachement à la tonalité – au sens large, autrement dit à une certaine euphonie – caractérise aussi la musique américaine, même dans ses courants avant-gardistes (ceux-ci ne sont pas moins nombreux qu'en Europe, mais ils prennent des formes généralement moins tournées vers l'abstraction intellectuelle). Attitude conservatrice, au sens strict du mot, mais nullement rétrograde, contrairement à ce que plusieurs décennies de post-sérialisme ont pu laisser croire de ce côté-ci de l'Atlantique. Le compositeur américain n'a rien de ce génie isolé, héraut d'une modernité transgressive, que la tradition européenne a porté au pinacle depuis Beethoven. Aux États-Unis, le créateur entend d'abord contribuer à la vie de la cité, c'est-à-dire être compris d'un public et communiquer avec lui, quitte à pratiquer plusieurs styles, au long de sa carrière ou simultanément, lorsqu'il souhaite laisser libre cours à ses tendances modernistes (Bernstein en est l'archétype, mais Copland en offre aussi un bon exemple). Le fait que les artistes, organisateurs et institutions soient globalement soumis à la loi du marché, et en partie financés par un mécénat privé, favorise ce phénomène, en les poussant à s'adresser au plus grand nombre.

À tout cela s'ajoute également la puissante empreinte néoclassique imprimée à la musique américaine par la génération de Copland, puis entretenue auprès des suivantes par Nadia Boulanger, Hindemith et Milhaud notamment – Ives ayant lui-même montré l'exemple d'une expérimentation ne rimant pas avec atonalité. L'omniprésence du jazz, fondamentalement tonal et considéré à juste titre comme un idiome national, est allée dans le même sens. Il est certain enfin que le sentiment des compositeurs d'avoir exploré, voire épuisé, les potentialités d'un langage traditionnel, ne s'est pas affirmé dans le Nouveau Monde comme dans la vieille Europe. Aujourd'hui encore, les Américains évoluent avec aisance et sans complexe entre traditionalisme et expérimentation, parce qu'ils se sentent moins contraints que leurs cousins d'outre-Atlantique par la conscience d'une histoire téléologique, en marche vers un progrès dont la modernité serait le principal horizon. Autrement dit, les États-Unis n'ont pas eu besoin de *tabula rasa* pour se sentir jeunes sur un plan musical : ils l'ont été, naturellement. « La jeunesse de l'Amérique est sa plus ancienne tradition, faisait dire Oscar Wilde à l'un des personnages en 1894. Elle dure maintenant depuis trois siècles. » Un tel constat semble devoir être valable encore longtemps.

Index

Table

*Photocomposition Nord Compo
Villeneuve-d'Ascq*